*Le meilleur endroit
de l'Allemagne*

Schopenhauer
und Frankfurt am Main

Begleitheft zur Ausstellung
in der Stadt- und Universitätsbibliothek
Frankfurt am Main
15. November bis 18. Dezember 1994

Die Ausstellung ist eine Gemeinschaftsproduktion der
Schopenhauer-Gesellschaft und der Schopenhauer-
Stiftung in Frankfurt am Main in Zusammenarbeit mit
der Stadt- und Universitätsbibliothek.
Die Drucklegung des Begleitheftes erfolgt mit
Unterstützung der Schopenhauer-Gesellschaft, der
Schopenhauer-Stiftung sowie der Gesellschaft der
Freunde der Stadt- und Universitätsbibliothek
Frankfurt am Main.

Herausgegeben von der
Direktion der Stadt- und Universitätsbibliothek
Technische Arbeiten: Bogdan Mikulski
ISBN 3-88131-078-9

Inhalt

Frankfurt am Main – Stadtansicht zwischen 1850 und 1860

Grußwort

Der Katalog der Frankfurter Schopenhauer-Gremien zur Ausstellung »Schopenhauer und Frankfurt am Main« ist ein würdiger Beitrag zur 1200-Jahr-Feier der Stadt Frankfurt am Main. Damit wird deutlich vor Augen geführt, daß dieser bedeutende deutsche Denker fast die Hälfte seines Lebens in Frankfurt gelebt hat.

Schopenhauer hat wichtige Beiträge zur Philosophie geleistet. Ich möchte deshalb Schopenhauer zu den großen Persönlichkeiten unserer Stadt zählen. Mit Schopenhauer fällt Glanz auf Frankfurt.

Allen Mitarbeitern dieser Publikation danke ich für ihr großes Engagement.

Ich wünsche der Ausstellung und dem Katalog eine große Resonanz.

Helmut Reischmann
Stadtverordnetenvorsteher
der Stadt Frankfurt am Main

Zum Geleit

Die Ausstellung, deren Katalog hier vorliegt, versteht sich als Beitrag der Schopenhauer-Stiftung und der Schopenhauer-Gesellschaft zur 1200-Jahr-Feier der Stadt Frankfurt am Main.

Zugleich drückt sie Dank, Bitte und Hoffnung aus *Dank* für die vielfältige Förderung, die die Stadt Frankfurt bisher den Institutionen gewährt hat, die sich die Sicherung und Intensivierung der Schopenhauer-Rezeption zum Ziel gesetzt haben; *Bitte* um weitere Unterstützung, auch und gerade in Zeiten, in denen die privaten Spenden aus verständlichen Gründen zurückgehen, ja so gut wie ganz ausbleiben; *Hoffnung* darauf, daß Frankfurt sich in Zukunft noch mehr als in der Vergangenheit als Schopenhauerstadt fühlen lernt.

Frankfurt ist reich an stolzen Traditionen, großen Töchtern und Söhnen und bedeutenden Menschen verschiedener Herkunft, die es bewußt zum Wohnort gewählt haben. Den Frankfurtern wird es schwer, ihr Gedenken gerecht zu verteilen. Es ist unter anderem gerade diese erwünschte Not, die Frankfurt unter den Städten Deutschlands einen der ersten Plätze einnehmen läßt. Adel hat jedoch Pflichten. Und die Pflicht, Schopenhauer zu ehren, ist darunter eine der für Frankfurt ehrenvollsten – und selbstverständlichsten. Der Wahlfrankfurter Schopenhauer hat das Verdienst, die Welt in die Philosophie hineingeholt zu haben. Er hat die Tore geöffnet zu einem besonnenen Gespräch mit den ganz anders Orientierten, denen, die fern, exotisch und – schlimmer – unwichtig schienen. Immer noch klingt deren Stimme in ernstem Philosophieren nicht laut genug. Das ist bedrückend, muß aber andernorts, wo Denken und Handeln sich seit je auf engere Räume beschränkt hat, nicht auffallen. In Frankfurt ist das anders. Frankfurt steht für wirtschaftliche und kulturelle Offenheit, für Verbindungen in alle Teile der Erde, für immer wieder versuchten geistigen Aufbruch, und Frankfurt steht gegen jede Form selbstbezogener Borniertheit – in dieser liberalen Welt-Stadt muß Schopenhauers liberale Offenheit Resonanz finden, die innere Verwandtschaft gespürt, gepflegt, gefestigt werden. Eben hier liegt der Zugang zu Schopenhauer für alle Frankfurterinnen und Frankfurter, die dies mit Bedacht sind, unabhängig von ihrer Neigung zu dieser oder jener seiner philosophischen Anschauungen.

Die Ideenverbindung zwischen Schopenhauer und Frankfurt gesehen und ihr institutionelle Form gegeben zu haben, ist das Verdienst Arthur Hübschers. Auch ihm ist diese Ausstellung ein Denkmal.

Heinz Gerd Ingenkamp
Präsident der Schopenhauer-Gesellschaft

Zum Geleit

Die Schopenhauer-Stiftung Arthur Angelika Hübscher in memoriam Christian Hübscher weiß sich mit der Stadt Frankfurt am Main auf doppelte Weise eng verbunden: zum einen durch den Frankfurter Philosophen Arthur Schopenhauer, zum anderen durch die Stifterfamilie. Als Arthur Hübscher 1961 mit seiner Familie von München nach Frankfurt übersiedelte, stand dieser Ortswechsel im Zeichen einer intensivierten Hinwendung zum Werk Schopenhauers. In dem von ihm geleiteten Schopenhauer-Archiv der Frankfurter Stadt- und Universitätsbibliothek konnte Arthur Hübscher die Ausgabe der Werke, Briefe und des Handschriftlichen Nachlasses Schopenhauers zum Abschluß bringen; dank der Initiative des Ehepaares Hübscher entfaltete die Schopenhauer-Gesellschaft in Frankfurt eine vielfältige Tätigkeit in wissenschaftlichen Vortragsveranstaltungen und Diskussionsrunden.

Die Gründung der Schopenhauer-Stiftung durch Angelika Hübscher nach dem Tod von Arthur Hübscher setzt das gemeinsam vollbrachte »Tagewerk Schopenhauer« in neuer Form fort. Auch die Stiftung steht ganz im Dienst der Schopenhauerschen Philosophie, insbesondere ihrer Ethik – als des Teils von Schopenhauers Denken, in dem nach den Worten des Philosophen die Willensmetaphysik ihren Gipfel erreicht. Durch Stipendien will die Stiftung Wissenschaftlern aus dem In- und Ausland helfen, die Ethik Schopenhauers unserer Zeit aktualisierend nahe zu bringen.

Als Frankfurter Institution gliedert sich die Schopenhauer-Stiftung in das reiche Kulturleben der Stadt ein. Im Jubiläumsjahr 1994 kann sie dies nicht besser tun als durch ihre aktive Mitwirkung an der Ausstellung, in welcher der größte Philosoph Frankfurts uns bildhaft anschaulich an dem von ihm gewählten Ort entgegentritt. Die Schopenhauer-Stiftung versteht ihre Arbeit als Beitrag zu dem Bemühen, die heilsamen Wirkungen des Schopenhauerschen Denkens unserer heutigen Zeit zu vermitteln.

Rudolf Malter
Vorsitzender des Wissenschaftlichen Beirats
der Schopenhauer-Stiftung

Arthur Schopenhauer, 1855

Gespräch mit Franco Volpi

Welche Musik, welche Farbe fällt Ihnen zu Schopenhauer ein?

Schopenhauers Philosophie assoziiere ich gerne mit Mozarts Musik: keine Note zu viel, keine zu wenig. Die Farbe? Hellblau: wie himmlische Musik.

Woher stammt die Vorliebe vieler Künstler und Literaten für Schopenhauer?

Daher, daß Schopenhauer das ganze Spektrum menschlicher Probleme in einem tiefen und klaren Griff erfaßt und philosophisch erhellt.

Wie erklärt sich die Zuversicht dieses Mannes, für den Geschichte ausschließlich eine Wiederholung des Elends in veränderter Gestalt ist?

Über die turbulenten Erscheinungen an der Oberfläche hinaus weiß Schopenhauer den tiefen metaphysischen Grund der Wirklichkeit zu erkennen: daraus gewinnt er seine tranquillitas animi, seine unerschütterliche Gelassenheit.

Nach Ansicht vieler ist Schopenhauer Apologet eines konservativen Bürgertums: Stimmt dies, und – wenn ja – ist er es zu Recht?

Es mag historisch zutreffen, daß Schopenhauer zur Lieblingslektüre eines konservativen Bildungsbürgertums wurde – ein Phänomen, ohne welches Wagner und Nietzsche, d. h. eine wichtige Komponente der deutschen Seele, undenkbar wären. Das betrifft aber seine Rezeption, nicht so sehr sein Denken selbst. Dieses läßt sich schwer in den Dienst der Politik oder gar einer Partei stellen. Denn Schopenhauer erkennt in der Philosophie keine Päpste und keine Autorität an, sondern orientiert sich nur an einem Ideal – an der Wahrheit. Was er uns lehrt, ist somit weder Konservatismus noch Revolution, sondern kritisches Denken.

Worin könnte der Nutzen bestehen, den wir Heutigen von Schopenhauers Philosophie haben könnten?

In seiner metaphysischen Lehre, die hinter den Erscheinungen den tiefliegenden Grund der Wirklichkeit erfaßt; vor allem aber in seiner Grundlegung einer einfachen, jedermann einsichtigen Ethik aus Gerechtigkeit (neminem laede) und Nächstenliebe (omnes iuva), aus Toleranz und Solidarität.

Von Ihrer Ausgabe der Eristischen Dialektik sind in Italien innerhalb kurzer Zeit mehr als 130.000 Exemplare verkauft worden. Wie erklären Sie sich diesen spektakulären Erfolg?

Um es mit Schopenhauer zu formulieren: Solche Phänomene haben freilich ihren zureichenden Grund, weshalb sie eher eintreten als nicht. Doch welchen, das läßt sich schwer feststellen. Man kann aber sagen: Schopenhauer trifft offenbar den Nerv eines Phänomens, das den Menschen als sprach- und vernunftbegabtes Wesen sehr nahe angeht, nämlich das Argumentieren als Mittel zur Selbstbehauptung. Heute, im Zeitalter der Medien, der allgemeinen Kommunikation und des Prinzips der Öffentlichkeit ist das Argumentierenkönnen vielleicht zu einem der wichtigsten Instrumente geworden, das man in den sogenannten »public relations« benötigt. Zu dessen Aneignung gibt Schopenhauer mit seiner Dialektik ein bisher unübertroffenes, knappes Brevier in die Hand.

Bei der eristischen Dialektik handelt es sich um die Kunst, den Gesprächspartner möglichst schnell logisch aufs Kreuz zu legen. Wie verhält sich dieser »Macchiavellismus der Rede« zu Schopenhauers Anspruch auf Wahrhaftigkeit?

Schopenhauer vergleicht die Kunst des Argumentierens mit der Fechtkunst: man soll sie in erster Linie zum Zweck der Selbstverteidigung beherrschen, also: um nicht selbst vom Gegner aufs Kreuz gelegt zu werden. Daß dem so ist, bezeugt nicht zuletzt die Tatsache, daß Schopenhauer schließlich auf die Veröffentlichung seiner fast fertigen Abhandlung verzichtete – wie er in den *Parerga und Paralipomena* begründet: »Die Schliche, Kniffe und Schikanen, zu denen sie [die Leute], um nur Recht zu behalten, greifen, sind so zahlreich und mannigfaltig, und dabei doch so regelmäßig wiederkehrend, daß sie mir, in früheren Jahren, ein eigener Stoff zum Nachdenken wurden, welches sich auf das rein Formale derselben richtete, nachdem ich erkannt hatte, daß so verschieden auch sowohl die Gegenstände der Diskussion, als die Personen seyn mochten, doch die selben und identischen Schliche und Kniffe stets wiederkamen und sehr wohl zu erkennen waren. Dies brachte mich damals auf den Gedanken, das bloß Formale besagter Schliche und Kniffe vom Stoff rein abzusondern und es, gleichsam als ein sauberes anatomisches Präparat, zur Schau zu stellen. Ich sammelte also die so oft vorkommenden unredlichen Kunstgriffe beim Disputiren und stellte jeden derselben in seinem eigenthümlichen Wesen, durch Beispiele erläutert und durch einen eigenen Namen bezeichnet, deutlich dar, fügte endlich auch die dagegen anzuwendenden Mittel, gleichsam die Paraden zu diesen Finten, hinzu, woraus denn eine förmliche *eristische Dialektik* erwuchs« (*Sämtliche Werke*, hg. von Arthur Hübscher, 7 Bde., Brockhaus, Wiesbaden 1972, Bd. VI, S. 27). Bald darauf scheint aber dem Philosophen die Lust daran vergangen zu sein: »Dergleichen Stratagemata also hatte ich ungefähr vierzig zusammengestellt und ausgeführt. Aber die Beleuchtung aller dieser Schlupfwinkel der, mit Eigensinn, Eitelkeit und Unredlichkeit verschwisterten Beschränktheit und Unfähigkeit widert mich jetzt an; daher ich es bei dieser Probe bewenden lasse und desto ernstlicher auf die oben angegebenen Gründe zum Vermeiden des Disputirens mit Leuten, wie die meisten sind, verweise« (a. a. O., S. 32).

Wer interessiert sich in Italien hauptsächlich für dieses Buch? Welche Käuferschichten hat der Verlag erreicht?

Ich verfüge über keine genaue Statistik. Doch kann man mit Sicherheit sagen, daß nicht nur Philosophen und nicht nur Studenten das Buch gekauft haben. Es hat offenbar auch andere, breitere Leserschichten angesprochen. Um ein Beispiel zu nennen: Auf die Frage: »Welches Buch haben Sie zuletzt gelesen oder lesen Sie gerade?« habe ich oft bekannte Persönlichkeiten – etwa Politiker oder Schauspieler – anläßlich von Fernseh- oder Zeitungsinterviews antworten hören: »Ich lese gerade Schopenhauers *Die Kunst, Recht zu behalten*. Und dies mit großem Genuß und Gewinn.« Das hat natürlich wie ein Werbemultiplikator gewirkt.

Ist ein derartiger Erfolg derzeit auch in Deutschland denkbar? Die Einzelausgabe der Eristischen Dialektik, die vor einigen Jahren in einem kleinen Verlag erschienen ist, erreichte keine entsprechende Auflagenhöhe.

Das hängt natürlich von zahlreichen, unberechenbaren Faktoren ab. Vielleicht kam das Buch nicht zum richtigen Zeitpunkt. Vielleicht war der Verlag zu klein und konnte das Werk nicht genug verbreiten. Vielleicht war die allgemeine Stimmung des Publikums nicht günstig dafür.

In welcher Tradition steht heute die Rezeption des Schopenhauerschen Werkes in Italien? Ist es im Verlagswesen bzw. in der Öffentlichkeit präsent? Was verbindet der italienische Bürger mit dem Namen Schopenhauer?

Das Werk Schopenhauers ist von Anfang an in der italienischen Kultur und Philosophie stark präsent gewesen. Aber nicht so sehr in akademischen Milieus, sondern – ähnlich wie in Deutschland – bei einem breiteren, gebildeten Publikum. So kam es auch, daß die vorzüglichen Studien über Schopenhauer, die man in Italien veröffentlicht hat, nicht von Universitätsphilosophen, sondern von Außenseitern stammen: etwa Piero Martinetti, Giuseppe Faggin oder Giorgio Colli (der bei dem Mailänder Verlag Adelphi eine italienische Gesamtausgabe plante, deren Betreuung nach seinem frühzeitigen Tod mir anvertraut wurde). Heute werden

Schopenhauers Werke in Italien immer wieder nach-gedruckt. Von einigen seiner Schriften – wie den *Aphorismen zur Lebensweisheit* oder *über die Universitätsphilosophie* – gibt es mehrere Ausgaben bei verschiedenen Verlagen.

Welche Aspekte des Werkes sind für Sie primär von Bedeutung? Und warum?

Eher als die Aspekte, in denen Schopenhauer als ein Postkantianer denkt, also »die Welt als Vorstellung« präsentiert, ziehe ich die Aspekte vor, in denen er neue Perspektiven eröffnet, also »die Welt als Wille«, was dann Wagner und Nietzsche aufgegriffen haben. Und vor allem natürlich seine Ethik, die sich heute nach der Krise von Tugend und Moral konfessioneller Art als überzeugende Alternative bietet.

Die Jahrtausendwende rückt näher. Hier und dort breitet sich Weltuntergangsstimmung aus. Bieten Schopenhauers Schriften eine Stütze für apokalyptische Szenarien?

Ich glaube nicht. Ganz im Gegenteil: Schopenhauer ist ein erkenntnistheoretischer Pessimist, aber ein metaphysischer Optimist. Ein Lichtblick öffnet sich demjenigen, der ihm bis zum Schluß seines philosophischen Systems folgt. Anläßlich des 200. Geburtsjahrs habe ich mich amüsiert und ein falsches Manuskript des späten Schopenhauer fabriziert, in dem ich dem alten Philosophen eine Retraktation seines Pessimismus und ein Bekenntnis zum Optimismus in den Mund legte. Ich dachte, der Scherz werde sofort erkannt und gelüftet. Doch viele glaubten daran – oder wollten einfach daran glauben, so schön paßte es.

Frankfurt a. M. – Der Römer
»Ein geschmackloser gothischer Bau« (Schopenhauer)

Schopenhauers Frankfurter Jahre

von Theodor Vaternahm

Im Juni 1833 kehrte Schopenhauer, nach einjährigem Aufenthalt in Mannheim, in das »cholerafeste« Frankfurt zurück, um hier, nach sorgfältiger Prüfung der Vorteile beider Städte, endgültig seßhaft zu werden. Frankfurt am Main, mit seiner reichen und wechselvollen Vergangenheit, seit dem Wiener Kongreß 1815 Freie Stadt und Sitz des Deutschen Bundestages, in der Senat, gesetzgebende Versammlung und ständige Bürger-Repräsentation die entscheidenden Körperschaften der Stadtverwaltung bildeten, war mit seinen etwa 60 000 Einwohnern zu dieser Zeit eine der bedeutendsten und wohlhabendsten Städte Deutschlands, in der sich Altes mit Neuem harmonisch verband und in der, nach dem Urteil eines Zeitgenossen »der geringe Bürger sich so gut wie der vornehme Mann der Stadt erschien und sich mit vielem Trotz auf seine Freiheit berief«. Breit an den Mainfluß gelagert, seit der Schleifung der Festungswälle von einem Kranz grüner Anlagen umgeben, war es mit dem jenseits des Flusses gelegenen dörflichen, meist von Fischern, Gärtnern und Weinbauern besiedelten Stadtteil Sachsenhausen durch die alte Mainbrücke verbunden, über die sich, besonders zu Messezeiten, von Süden her ein Strom von Menschen und Fahrzeugen in die nach Norden ziehende Fahrgasse mit ihren vielen Gasthöfen und Geschäften ergoß, die zu Schopenhauers Zeiten belebteste Straße der Stadt.

Das Bürgerrecht hat Schopenhauer nie besessen: als »Permissionist« begnügte er sich mit dem ihm gewährten Wohnrecht. Als »nicht verbürgter Einwohner« wird sein Name erstmals in dem »Allgemeinen Adressbuch der Freien Stadt Frankfurt« für das Jahr 1837/38 erwähnt: »Schopenhauer, Dr. Arthur, Untermainquai J 10«.

»Frkft ist a comfortable place« schreibt er der Schwester; es sei der eigentliche Mittelpunkt von Europa. »Hierher nach Frankfurt kommt Alles. Da sieht und hört man, was in der Welt vorgeht«, »seltene Naturerscheinungen« würden »übrigens in Frankfurt a. M. immer zuerst gezeigt«. »Ich gedenke hier ganz zu bleiben: Klima, Gegend, auch Theater u. kleine Bequemlichkeiten sind hier ungleich besser als in Mannheim . . .« schreibt er, fügt aber einschränkend hinzu: »die Gesellschaft hingegen ungleich schlechter . . .«

Johanna Schopenhauer mochte die Wahl des Sohnes gebilligt haben: » . . . Mich ergreift hier ein heimatliches Gefühl, alles erinnert mich an Danzig, meine liebe Vaterstadt . . .«, wenn auch die Stadt » . . . für eine große zu klein, für eine kleine zu groß und im ganzen ein Klatschnest . . .« sei. Sein Urteil über die Bewohner der Stadt fällt Schopenhauer schon 1838 in einem Brief an seinen Danziger Bevollmächtigten C. W. Labes: »Für die Frankfurter ist Frankfurt die Welt. Es ist eine kleine, steife, innerlich rohe, Municipal-aufgeblasene, bauernstolze Abderiten-Nation, der ich mich nicht gerne nähere.« Er bezeichnet die Frankfurter gern als die »Abderiten dieses Abdera«, deren Demokrit er sei, und ist dankbar, daß ihm die Stadt »die Freiheit schenke, mißliebigen Umgang abzuschneiden und zu meiden«. Beim Spaziergang murrt er über die »Klötze«, die »nie rechts ausweichen wollen! Jeder Engländer hält sich stets rechts«, wobei es ihn vergnügt, den schwerfälligen Gang der »Klötze« nachzuahmen. Der Menge der »Meßferianten«, wie er die Meßfremden gerne nannte, ging er aus dem Wege, ließ sich aber zu einem Besuch der Michaelismesse 1856 bewegen, auf welcher ein lebender Orang-Utang gezeigt wurde, den zu sehen er sich »ein ganzes Leben gesehnt hatte« und den er, als »muthmaßlichen Stammvater unseres Geschlechts«, nach Gwinner fast täglich besuchte.

Die Briefe und Gespräche Schopenhauers enthalten manche kritische Äußerung über die Gebäude und

Senckenbergisches Stift und Anatomie um 1830

Denkmäler der Stadt. Den Römer, das Frankfurter Rathaus, nannte er einen »geschmacklosen, gothischen Bau«; es sei überhaupt nichts mit dem gotischen Stil, meinte er, wobei er auf die Nikolaikirche auf dem Römerberg (Spitze aus Eisen!) und den Frankfurter Dom hinwies. Für ihn war die Stadtbibliothek am Obermaintor, unweit seiner Wohnung, »das kostspielige, schöne und durch seinen Zweck ehrwürdige Gebäude«, das einzig geschmackvolle Gebäude in Frankfurt, das allerdings durch seine »höchst unlateinische Inschrift verunziert« sei. Er meinte damit die Giebelinschrift auf dem Portikus *Studiis libertati reddita civitas*, »die in vier Worten drei Fehler hat und fast Küchenlatein heißen könnte, wenigstens dem Cicero wohl unverständlich sein würde. Im ächten Latein müßte sie heißen: *Litteris recuperata libertate civitas*.« »In der That wäre es wünschenswerth, wenn an einem schönen Morgen in aller Stille diese Inschrift an die Stelle der jetzigen geschoben würde . . . Drei Tage würde die Stadt von der Veränderung klatschen, aber Jahrhunderte würden eine würdige Inschrift lesen.« Seinen ausgeprägten Sinn für Farben wieder störte es, daß er im Städelschen Kunstinstitut, damals noch in der Neuen Mainzerstraße, » . . . die vortrefflichsten Gypsabgüsse in zwei Sälen, deren einer rothe, der andere sogar gelbrothe Wände hat, aufgestellt sehe; das ist nicht bloß geschmacklos, sondern barbarisch, dem zeichnenden Schüler ein Augenverderb, jedem fühlenden Menschen eine Marter . . .« Ein Mißtrauensvotum gegen die Säulen vor dem 1856 errichteten neuen Bethmann'schen Ariadneum vor dem Friedberger Tor zog er dagegen zurück, nachdem ihm der Architekt versichert hatte, daß sie rein nach der Antike kopiert seien. Schopenhauers besonderes Interesse galt dem Deutschordenshaus in Sachsenhausen, das, dicht am Ufer des Flusses und an der Mainbrücke gelegen, im 14. Jahrhundet den unbekannen Verfasser der von Schopenhauer so sehr geschätzten »Theologia deutsch« beherbergte. Von den Fenstern des Studierzimmers seiner Wohnung an der Schönen Aussicht blickte er auf die gegenüberliegende graue Masse des Gebäudes, in dessen »heiligen Hallen« der Maler Lunteschütz sein Atelier aufgeschlagen hatte. Als Lunte-schütz ihn porträtierte, mag er oftmals über die Brücke gewandert sein, hinüber in das Haus, » . . . Parterre-stube, dicke alte Grundmauern, wohl noch vom alten Gebäude, die selben, an denen Er saß.« Er schilderte C. G. Bähr, daß er »drüben jeden Winkel durchsucht und jeden Stein besichtigt habe, um vielleicht noch eine Erinnerung, ein Epitaph oder sonst irgend welche Spur seines Vorgängers zu finden, – doch vergeblich. Das Gutenbergdenkmal von v. d. Launitz, den er als Künstler nicht besonders hoch schätzte, auf dem Rossmarkt fand er »sehr langweilig«.

Abfällig war auch sein Urteil über das Goethedenkmal von Schwanthaler: » . . . es gibt nur den Herrn Geheimrath« und »alle sind mit diesem Goethe unzufrieden, sogar mein Schneider, welcher ganz richtig bemerkt hat, daß der Rock verkehrt geknöpft ist«. Den Einwand von C. G. Bähr, der Kopf des Schwanthaler'schen Goethe sei doch schön, ließ er nicht gelten. »Hm, 's ist der Geheimrath. Dazu die störende Bronce und die übergroße Höhe des Sockels. In Italien stehen alle Statuen niedrig. Hier aber ist es recht darauf abgesehen, nichts daran zu erkennen.« In seiner Denkschrift »An das Committee zur Errichtung des Göthischen Monumentes« vom 5. Mai 1837 gab er als Aufstellungsort der »Insel« am Untermaintor oder der Promenade vor dem geräuschvollen Teil der Stadt den Vorzug, oder, »wenn es in der Stadt sein soll, den viereckigen Platz in der großen Mainzerstraße, wo die Galgengasse ausläuft, der aber von schönen hohen Baumgruppen beschattet werden müßte . . . «, etwa der Platz an dem heutigen Taunustor. Das Marmorbildnis Goethes von Pompeo Marchesi im Vestibül der Stadtbibliothek, das er zusammen mit Goethes Schwiegertochter Ottilie, seiner Jugendfreundin, gesehen hatte, fand dagegen seinen ungeteilten Beifall: » . . . das ist sehr schön, in antiker Tracht und sitzend, wie sich's gebührt. Wir waren beide tief ergriffen beim Anblick des Bildnisses.« »Noch wollte ich«, bemerkt Schopenhauer schließlich am Schlusse seiner Denkschrift, »bei dieser Gelegenheit vorschlagen, Goethes Haus mit einer Marmortafel zu bezeichnen, auf welcher stünde: »Hier ist Goethe geboren«.

Von den kulturellen und wissenschaftlichen Einrichtungen der Stadt, die den Entschluß Schopenhauers, in Frankfurt zu bleiben, nicht zuletzt beeinflußten, besuchte er gerne, namentlich wenn Opern gegeben wurden, das Stadt-Theater, das »Komödienhaus« am Theaterplatz: »Das Theater«, berichtet er Frauenstädt, »ist hier jetzt wirklich vortrefflich.« Als aufmerksamer Zuhörer bittet er den damaligen Kapellmeister und Theaterdirektor Guhr, doch Vorkehrungen gegen das namentlich die Ouvertüren störende Geräusch zu treffen, welches die Zuspätkommenden durch das rücksichtslose Zuwerfen der Logentüren und Fallenlassen der Stuhlklappen verursachten. »Ich wünsche, daß Sie die Güte hätten, sich durch eine Probe zu überzeugen.« Er macht Vorschläge für eine Verbesserung der Stühle: »Die Musen und das Publikum werden Ihnen für eine Verbesserung Dank wissen.«

In späteren Jahren bedauert er, daß er wegen seines Gehörs, »welches stets schwach war«, die Komödie nicht mehr verstehen könne und sich mit der Oper begnügen müsse. Er besuchte häufig die Gemäldegalerie im Städelschen Kunstinstitut; ein in Frankfurt 1856 ausgestelltes angebliches Porträt Mozarts, in seinem Jünglingsalter, erkannte sein kritischer Blick sogleich als unecht, weil die Kleidung einer zwanzig Jahre früheren Zeit angehörte. Man begegnete ihm in den Konzerten und Darbietungen des »Museums« – der heutigen Museumsgesellschaft – im Gasthof Weidenbusch, in der Stadtbibliothek, von deren Beständen ihn allerdings später seine eigene umfangreiche Bibliothek mehr und mehr unabhängig machte; in den Instituten der Senckenbergischen Stiftung, wie in der Bibliothek am Eschenheimer Tor oder dem Naturhistorischen Museum und Physikalischen Kabinett in der angrenzenden Bleichstraße, wo ihm auf einer Sitzung, bei gemeinsamer Betrachtung der ausgestellten physikalischen Instrumente, der Musikschriftsteller Xaver Schnyder v. Wartensee, mit dem er später näher bekannt wurde, zum ersten Mal begegnete.

Im Winter 1854/55 interessierte sich Schopenhauer lebhaft für die Vorträge und Experimente von Antoine Regazzoni, Professor des Magnetismus aus Bergamo, der in Frankfurt öffentlich auftrat und die neuesten Entdeckungen über den animalischen Magnetismus vorführte. »Regazzoni 3 Mal öffentlich, 2 Mal privat gesehen.« Er besuchte die Soirée in der Loge Socrates am 19. September 1854 und nahm mit seinem Freunde und Rechtsberater Dr. Emden in Regazzonis Wohnung in der Buchgasse an einem »Kriegsrat« teil, als Frankfurter Ärzte, » . . . eine Rotte von 14 hiesigen Medikastern . . . «, gegen den Magnetiseur öffentlich Stellung genommen hatten. »Mich freut, daß ich dem R. mein Zeugnis in sein Album geschrieben habe, klar und französisch.« Als im Februar 1856 der Franzose Brunet de Balan, der auch Schopenhauers immer tauber werdendes linkes Ohr mit Magnetismus erfolglos behandelte, in Frankfurt hypnotische Experimente vorführte, schrieb er darüber launig an Frauenstädt, er »habe auch mitgespielt, zu großer Belustigung des Publikums«. Übrigens gehörte Schopenhauer, wie er C. G. Bähr erzählte, »schon seit Jahren einer kleinen, aber eifrigen Gemeinde von Frankfurtern an, welche das Studium der somnambulen Erscheinungen cultivierte, die neuen Erfahrungen auf diesem Gebiete sammelte und der geringschätzigen Behandlung des Somnambulismus und Mesmerismus von seiten der Aerzte mit Entschiedenheit entgegentrat«. Gemeinsam mit Frauenstädt beobachtete er von seinem Fenster aus den Aufstieg des Luftschiffers Charles George Green mit seinem Ballon »Continental« hinter der Stadtbibliothek am 16. August 1847, wozu er Frauenstädt seinen »großen doppelten Operngucker« lieh.

Von den politischen Wirren in Frankfurt i. J. 1848 blieb Schopenhauer, der jedem politischen Geschehen ablehnend gegenüberstand, nicht ganz unberührt. Die Stadt war in Aufruhr, »mehr als vierzig Barrikaden machen aus den Straßen Festungen, aus den Seitengassen Forts«, klagte er. Von seiner Wohnung an der Schönen Aussicht sah er auf die Mainbrücke, die von österreichischem Militär verteidigt wurde. »Geistig habe ich diese 4 Monate schrecklich leiden müssen, durch Angst und Sorge; alles Eigenthum, ja der ganze gesetzliche Zustand bedroht!« »Es ist eine wahre Schwerenothzeit«, schreibt er an seinen Dresdner Jugendfreund Johann Gottlob von Quandt, »da keiner mehr ein Buch aufmacht, sondern nichtswürdige Zeitungen das Monopol usurpiert haben . . . Welche angenehme Diversion für einen Philosophen! Der Himmel befreie uns von aller Freiheit. Ich habe zuletzt den politischen Kampfplatz in meiner Ihnen wohlbekannten Studierstube gehabt, als welche von 20 Stockböhmen besetzt wurde, die von da aus auf die Barrikaden schießen wollten . . .« Am 19. September gab Schopenhauer auf dem »peinlichen Verhöramt« im Römer seine Beobachtungen zu Protokoll. Die Erlebnisse, deren Augenzeuge er war, bestimmten ihn, in seinem Testament die Invaliden und Hinterbliebenen der Gefallenen als Universalerben einzusetzen. Einige Jahre später schreibt er ironisch an Frauenstädt: »Meine Adresse ist Schöne Aussicht Nr. 17. Die Revolution hat neue Hausnummern gemacht; das Einzige, von ihr, was zu bleiben verdient.« Noch später kam er bisweilen auf diese »Aufruhr- und Empörungskämpfe« zurück, auf diese Revolution, »die dumm und spiesbürgerlich genug war, . . . um zu gelingen« und dennoch sei nur das bekannte Ergebnis herausgekommen – wie er sich auch einmal gesprächsweise daran erinnerte, den Fürsten Lichnowsky an demselben Tage, an welchem er dem Pöbel zum Opfer fiel, noch im Englischen Hof gesehen zu haben, wo er auch Jacoby und den ihm verhaßten »knotigen Kerl« Robert Blum – er nannte sie derb die »Paulskirchenkerle« – einst habe sprechen hören.

Schopenhauer verließ die Stadt nur selten. Nach Gwinner führte ihn im August 1835 eine viertägige Rheinreise bis nach Koblenz, und jedes Jahr machte er eine größere Fußtour in den Taunus, wo er in Königstein Rast hielt. Königstein war ein von den Frankfurtern viel besuchtes Ausflugsziel, wo man gerne in der »Stadt Amsterdam«, in der »Post« oder in Pfaffs Gartenwirtschaft »Zum Löwen« an der Landstraße am Ortseingang einkehrte. Man fuhr mit einem »Landauer« oder mit der im Frühjahr 1840 vollendeten Taunusbahn für 36 kr. in der 1. Klasse in einer halben Stunde über Höchst nach Soden, dem »Bad« der Frankfurter, und von dort aus in dreiviertel Stunden für 24 kr. mit dem Omnibus nach Königstein. Schon in einem Notizbuch von 1829 vermerkt Schopenhauer »Kronberg 1/2 St., Oberursel 5/4 St., Homburg 5/4«, vielleicht Ausgangsziele für geplante Wanderungen, wie sich denn auch in

seinem Nachlaß ein Relief des Taunusgebirges fand. Jeden Sommer fuhr er dann und wann am Nachmittag eines Tages, der »über jeden Verdacht erhaben«, nach Mainz zu seinem Freund und »gelehrtesten Apostel«, dem Kreisrichter Becker, um mit ihm in der neuen Anlage am Rheinufer die Freitagskonzerte der österreichischen Militärmusik zu genießen. Am 8. August 1854 benutzte er, wie er Becker am nächsten Tage schrieb, die neue Eisenbahn vom Hanauer Bahnhof nach Aschaffenburg, um dort das pompejanische Haus des Königs Ludwig zu besichtigen.

Im übrigen beschränkte er sich auf seine regelmäßigen täglichen Spaziergänge, bei denen er von seinem Pudel und manchmal einem guten Bekannten begleitet wurde, am Main entlang, durch den Rechneigraben, aus dem er im Sommer 1859 den 18jährigen Julius Frank vor dem Ertrinken rettete, vor das Untermaintor oder häufig auch über den östlich der Stadt sich erhebenden Röderberg, wo er eine bekannte Persönlichkeit war. Ein gelegentlicher Bekannter, der Frankfurter Lokaldichter Friedrich Stoltze, der in den 50er Jahren auf dem Röderberg wohnte, erzählt in seinen »Erinnerungen an Schopenhauer«, daß dieser »an schönen Frühlings- und Sommertagen fast täglich mit seinem Pudel an meinem Tusculum vorüberging«. Bei schlechtem Wetter beschränkte er sich auf die nahegelegenen Wallanlagen. Wie Frauenstädt berichtet, ging Schopenhauer dabei sehr schnell und sah niemanden an, als wolle er nur rasch die Stadt und die Menschen hinter sich lassen. Noch 1858 bezeichnete er sich C. G. Bähr gegenüber als »starker Fußgänger«. An heißen Sommertagen erfrischte ihn ein Eis im Seitenkabinett der »Sorbetto-boutique« des Konditors Julius Franz Roeder an der Stadtallee, dem heutigen Goetheplatz, oder er besuchte die »Mainlust«, ein bei den Einheimischen sehr beliebtes »Vergnügungs-Etablissement«, mit seinen Musik-Pavillons, Baumgruppen, Blumenbeeten und breitgelagertem Gästehaus am Untermaintor jenseits der Mühlgrabeninsel mit ihren Schwimm- und Badeanstalten, wo Schopenhauer seine gewohnten Flußbäder zu nehmen pflegte.

Seine Wohnung hat Schopenhauer öfters gewechselt. Er wohnte in der Alten Schlesinger Gasse, am Schneid-

Ghemant del.

Martens sc.

Der Englische Hof.

C. Jugel in Frft. ⅍m.

wall (Untermainquai) bei dem Baurat Rudolf Burnitz, in der Neuen Mainzerstraße im sog. Müllerschen Haus und in dem Haus zur »Hangenden Hand« in der Saalgasse, einer schmalen Gasse, die vom Fahrtor zum Weckmarkt hinter dem Dom führte, bis er sich 1843 an der Schönen Aussicht, nahe der Mainbrücke und der Ecke der Fahrgasse häuslich niederließ. Hier wohnte er lange Jahre im Erdgeschoß des Hauses Nr. 17, um schließlich nach Streitigkeiten mit seinem Hausherrn, dem Rentier Georg Kayser, wegen seines Pudels, im Sommer 1859, gegen einen »Jahres Mietzins von 500 fl«, mit Margarethe Schnepp, die ihm seit 1849 für einen jährlichen Lohn von 40 fl zu seiner »ausgezeichneten Zufriedenheit« den Haushalt führte, und dem braunen Pudel Butz in das Nachbarhaus Nr. 16 des Wechselmaklers Zacharias Wertheimber, ein »viel größeres und schöneres Logis«, überzusiedeln.

Schopenhauer nahm seine Mahlzeiten anfangs im Gasthof des Herrn Sarg, dem »Russischen Hof« an der Zeil, später im Gasthof »Zum Schwan« im Steinweg ein. Während des Sommers 1846 saß der Schriftsteller Hermann Rollett täglich mit Schopenhauer, über dessen damalige äußere Erscheinung er anschaulich berichtet hat, als »sein zweiter Tischnachbar« an der Gasthaustafel im »Schwan« inmitten einer »sehr anständigen, aber betreffs der geistigen Qualitäten sehr gemischten Tischgesellschaft.« Gelegentlich aß Schopenhauer auch im gegenüberliegenden Gasthof »Weidenbusch«, später aber regelmäßig in dem von Salin de Monfort erbauten »Englischen Hof«, dem »Hôtel D'Angleterre« an der Südseite des Roßmarktes, dem damals vornehmsten Hotel der Stadt, das mit seiner stattlichen Front und den acht hohen Vasen als Dachschmuck weithin auffiel. An der *table d'hôte* im Speisesaal, aus dessen hohen Fenstern man auf den Platz, einen Mittelpunkt des städtischen Lebens und Treibens, blickte, wußten ihn Zugereiste und Verehrer, die seine Bekanntschaft suchten, sicher zu finden. Nach seinem Freund und Tischgenossen, dem Lustspieldichter und späteren Spielbankkommissär in Bad Homburg Georg Roemer, erstreckte sich die bei Tisch geführte Unterhaltung über alle möglichen Gegenstände, »Politik, Theater, Literatur und Kunst, Tages-

neuigkeiten, Anekdoten in Masse . . . « Mit Vergnügen hörte Schopenhauer, auf das Nebensächlichste eingehend, Neuigkeiten aus der Stadt erzählen, über die ihn zudem die von ihm gehaltene »Frankfurter Oberpostamts-Zeitung« täglich unterrichtete. Vom Englischen Hof waren es nur wenige Schritte zur Casino-Gesellschaft im ersten Stock des schräg gegenüberliegenden Hauses des Majors Rumpf an der Ecke von Roßmarkt und Hauptwache, in dessen Erdgeschoß sich die Räume der Lesegesellschaft des Bürgervereins befanden, der Schopenhauer als Mitglied angehörte. Das Casino, wo er regelmäßig die »Times« las, oder die Lesegesellschaft pflegte er gewöhnlich vor der Abendmahlzeit aufzusuchen. Nicht weit davon lag der Gasthof »Weidenbusch«, in dem die Sitzungen und Konzerte des »Museums« stattfanden, dem Schopenhauer, wie auch sein Hausarzt Dr. Stiebel, schon 1836 als wirkliches Mitglied der ersten Klasse, der Literaturklasse, angehörte. Unfern, in der Großen Bockenheimergasse, hatte der 1841 gegründete Verein zum Schutze der Tiere, zu dessen Gründungsmitgliedern Schopenhauer zählte, seine Geschäftsstelle.

Schopenhauers langjähriger Hausarzt war der ihm befreundete herzoglich-nassauische Geh. Hofrat Dr. Salomo Stiebel in der Töngesgasse, ein vielbeschäftigter und beliebter Frankfurter Arzt. Auch der praktische Arzt Dr. Carl Mettenheimer auf dem Markt und Dr. August Emil Janson, Schöne Aussicht 14, haben ihn gelegentlich behandelt. Ein von Schopenhauer persönlich ausgestelltes Rezept wurde in der Apotheke »Zum Goldenen Hirsch« auf der Zeil angefertigt.

Sein ständiger Berater in Rechtsfragen war, neben dem Kreisrichter Becker in Mainz, der Frankfurter Advokat Dr. Martin Emden in der Langestraße, mit dem ihn eine langjährige Freundschaft und gemeinsame musikalische Interessen, besonders die Vorliebe für Rossini, verbanden. Nach Emdens Tod im Jahre 1858, der für Schopenhauer ein »unersetzlicher Verlust« war, bestimmte er den Vertrauten seiner letzten Lebensjahre und späteren Biographen, den Juristen und Sekretär beim Städtischen Appellationsgericht, Dr. Wilhelm Gwinner im Gr. Hirschgraben, zu seinem

Testamentsvollstrecker. Erforderlichen notariellen Beistand, so beim Testamentsakt, leistete ihm der Notar beim Stadtgericht Johann Valentin Boegner in der Fahrgasse.

In Geldangelegenheiten bevorzugte Schopenhauer das ihm von Emden empfohlene Bankhaus J. N. Trier im Haus »Türkenschuß« in der Hasengasse. Nach B. Trier mußten Schopenhauer die fälligen Zinsen regelmäßig überbracht werden, und zwar gegen Mittag, bevor er das Haus verließ, aber nicht durch einen Commis, mit dem er nichts zu tun haben wollte, sondern durch den jungen Bruder der Chefs, M. Trier. Schopenhauer beanspruchte aber auch das Bankhaus Goll und Söhne in der Münzgasse und die Wechselgeschäfte von B. H. Goldschmidt in der Langestraße und von Isaac Weiler Söhne auf der Zeil, dem er zuweilen Coupons verkaufte.

Siegmund Schmerber auf der Zeil verlegte 1836 die Erstausgabe von »Ueber den Willen in der Natur«, Friedrich Emil Suchsland, der Eigentümer der Joh. Christ. Hermann'schen Verlagsbuchhandlung auf der Zeil, ein treuer Anhänger der Schopenhauerschen Philosophie, die 1. Auflage der »Ethik« (1841), die 2. Auflage der »Vierfachen Wurzel« (1847) und die 2. Auflage des »Willens in der Natur« (1854). Bücher bezog Schopenhauer aus den Buchhandlungen und reichhaltigen Antiquariaten von Joseph Baer und Co. auf der Zeil, der auch, wie Schopenhauer am 9. 3. 1857 David Asher mitteilte »eine komplet specificirte Bestellung aller meiner Schriften aus Batavia« erhalten hatte, sowie von M. L. St. Goar auf der Zeil. Schopenhauer, der gelegentlich einmal zu dem ihm befreundeten Komponisten Robert v. Hornstein sagte, er »liebe die Buchhändler überhaupt nicht«, drang, auch was den Preis betraf, stets entschieden auf die genaue Beachtung seiner besonderen Wünsche. Als er bei dem Buchhändler St. Goar vier Bücher mit Preisangebot bestellte, bemerkte er dabei kurz und bündig: »Wenn Sie diese Preise überschreiten, erhalten Sie die Bücher zurück.« Die Frankfurter Maler Lunteschütz, Hamel und Göbel schufen die wertvollsten der uns überlieferten Altersbildnisse Schopenhauers. Jules Lunteschütz aus Besançon gehörte zum engeren Bekanntenkreis Scho-

penhauers an der Tafel im Englischen Hof. Schopenhauer zögerte nicht, ihm 1855 auf dessen »eigene Rechnung« für ein Porträt zu sitzen, »weil ich allmählich, da er ein guter Kerl ist, mit ihm vertraut wurde und loslegte, dadurch er meine Physiognomie genau kennt . . . Es wird ebbes Rores werden«, meinte er zuversichtlich zu Frauenstädt. Schopenhauer war allerdings »toll und desperat über das Treiben«, dem Maler in seinem Atelier im Deutschordenshaus »zwanzig mal zwei Stunden« sitzen zu müssen, zumal das Bild nicht die »eigentliche Ähnlichkeit« habe, »sondern ein *faux air*«. Lunteschütz hat ihn zwischen 1855 und 1859 mehrmals porträtiert. Schopenhauer hat den von ihm sehr geschätzten Maler und Freund in seinem Testament mit persönlichen Erinnerungsstücken bedacht.

Der erst 22jährige, aus Dillenburg stammende Julius Hamel malte Schopenhauer im Mai 1856 im Auftrag des Geheimrats Eduard Crüger, eines Tischgenossen Schopenhauers im »Englischen Hof«. Schopenhauer fand das Bild »erschreckend ähnlich . . . trefflich gemalt«, aber das sei er nicht, das sei »ein beschränkter Dorfschulze«. Und an Frauenstädt schrieb er »Hammels Bild ist eine Karikatur, hab's ihm tüchtig gesagt.« Hamel selbst erzählte P. J. Möbius, Schopenhauer habe eine große Strafpredigt begonnen und ihn heruntergeputzt wie einen dummen Jungen, so daß er das Bild von der Staffelei genommen und wütend in eine Ecke geworfen habe, worauf Schopenhauer einlenkte und meinte, es sei nicht bös gemeint gewesen.

Das Bild von Angilbert Göbel (1857), »ein hier sehr berühmter u. höchst ausgezeichneter Maler«, der als der angesehenste Porträtist Frankfurts galt, fand ebenfalls nicht ganz den Beifall Schopenhauers. Es sei »gewiß ähnlich u. sehr gut, aber ohne alle Idealität«. »Ich bin schwer zu malen«, gestand er C. G. Beck, »bin zu mobil. Der Künstler muß mich geistig aufzufassen wissen.«

Der Mechanikus Johann Valentin Albert in der Schäfergasse fertigte sieben kleine Daguerrotype von ihm an, »darunter 3 sehr gut«. Eine Aufnahme bei dem Daguerrotypeur Jakob Seib in der Hochstraße, den er als »unerträglichen, unbeschreiblichen, widerwärtigen Klotz und Pflegel« bezeichnete, hatte er zuvor abgelehnt. Der Lithograph und Photograph Carl Mylius in der Biebergasse besorgte eine Aufname im Auftrage der »Leipziger Illustrirten« und der Photograph Johannes Schäfer in der Hochstraße 1859 die nach Schopenhauers Urteil »beste Photographie«. Bei dieser Aufnahme war auf Schopenhauers Wunsch der Maler Lunteschütz anwesend, um ihn »so zu setzen, wie auf seinem 3ten Oelporträtt«.

Bei dem Schuhmachermeister Johann Hartmann Hieronymus in der Steingasse ließ Schopenhauer seine Stiefel anfertigen und ausbessern. Der Lehrjunge des Schusters, Heinrich Lerch, erinnerte sich, daß Schopenhauer bisweilen seine ausbesserungsbedürftigen Stiefel selbst in die Werkstatt brachte, wobei er sich stets einer rotgeblümten Reisetasche mit großen bronzenen Bügeln bediente, die aus Boulogne s. M. stamme. Bei den Reparaturarbeiten mußten oft recht seltsame Wünsche des Philosophen unbedingt erfüllt werden. Der Broncierer Georg Friedrich August Jungé in der Mainzer Chaussée vergoldete

Innenraum des »Nationaltheaters« (Komödienhaus, um 1840)

die von Crüger besorgte Buddhastatue, wozu Schopenhauer ihm »strenge befohlen, nur echtes Gold zu nehmen und daran nicht zu sparen«.

28 Jahre hat Schopenhauer in Frankfurt gelebt, wo er sich, während seiner letzten Lebensjahre »der Morgenröte seines Ruhms in der Abendröte des Lebens« erfreuen durfte. »Ich bin der Cholera dankbar«, schreibt er am 9. April 1854 an Frauenstädt, »daß sie mich vor 23 Jahren daraus (aus Berlin) vertrieben hat und hierher in's mildere Klima und sanftere Leben. Guter Ort für eine Eremitage!«

Schopenhauer starb am Vormittag des 21. September 1860. Die Todesanzeige erschien im »Intelligenz-Blatt der Freien Stadt Frankfurt« vom 23. September 1860: »Todes-Nachricht. Am 21. I. Morgens 8 Uhr, verschied dahier in Folge einer Lungenlähmung im Alter von 72 Jahren und 7 Monaten Dr. Arthur Schopenhauer. Die Beerdigung wird Mittwoch den 26.I.M., Nachmittags 3 Uhr, vom Leichenhause des Friedhofs aus stattfinden. Frankfurt a. M., den 22. September 1860. Der Testamentsvollstrecker: Dr. Wilhelm Gwinner.« Und am gleichen Tag las man in den »Frankfurter Nachrichten«: »Arthur Schopenhauer, der berühmte Philosoph, ist an einem Schlagfluß gestorben. Er hatte schon seit einiger Zeit an einer gefährlichen Unterleibsentzündung gelitten, war aber scheinbar wieder hergestellt; sein plötzliches Ende kam seinen Freunden so unvermuthet wie schmerzlich.« Der Bankbeamte August Gabriel Kilzer, dessen »edlen Fanatismus« einst Schopenhauer gerühmt hatte, widmete ihm einen liebevollen Nachruf, – er war der einzige, der in den Frankfurter Zeitungen erschien. Auf seinen Wunsch fand Schopenhauer seine letzte Ruhestätte auf dem Frankfurter Friedhof.

Abdruck eines Beitrags im 49. Schopenhauer-Jahrbuch 1968. Der Verfasser, Dr. med. Theodor Vaternahm, war von 1947–1960 Archivar der Schopenhauer-Gesellschaft. Der Anmerkungsteil, den er beigegeben hat, mußte hier der Raumknappheit wegen entfallen. Das Jahrbuch 1968 kann in der Stadt- und Universitätsbibliothek eingesehen werden, ebenso wie das im Vorspann erwähnte 47. für 1966, welches das gleiche Thema unter dem Gesichtspunkt der geistesgeschichtlichen Zusammenhänge abhandelt.

Das Schopenhauer-Denkmal

Auf den Spuren Schopenhauers in Frankfurt

von Thomas Regehly

»Frankfurt ist der eigentliche Mittelpunkt von Europa.«
(Schopenhauer)

Wer heute durch die Obermainanlage am Rechneigrabenweiher geht, trifft dort zunächst einmal auf die Büste des Aal-Fischer, der einigen alteingesessenen Frankfurtern – zumindest dem Namen nach – noch bekannt sein dürfte. Das städtische Gartenamt hat sich Mühe gegeben, das Ensemble um diese Büste mit stählernen Sitzgelegenheiten, die zum Verweilen einladen sollen, idyllisch herzurichten. Die Menschen, die dort heutzutage ein passendes Plätzchen finden, »um die Sonne zu genießen und ein kleines Pläuschchen zu halten« (so ein Lokalblatt), können indessen den Betrachter mitunter pessimistisch stimmen und zu Gedankengängen führen, die den Horizont des wackeren Fischermannes vermutlich um ein Geringes übersteigen. Derart eingestimmt trifft man, nur wenige Schritte weiter gehend, auf ein anderes Memorial, das Schopenhauer-Denkmal. Umwuchert von Pflanzen und im Schatten hochgeschossener Bäume prangt die Büste, auf einen einfachen Steinsockel montiert. »Arthur Schopenhauer« ist auf diesem zu lesen, mehr nicht. Kaum einer kennt ihre bewegte Geschichte: Es handelt sich um eine Bronzebüste, die der Nürnberger Künstler Ch. Lenz nach dem Modell der Büste von Friedrich Schierholz gegossen hat, als es darum ging, den Philosophen und Wahl-Frankfurter an einem öffentlichen Ort zu ehren. Bereits 1883 war zu diesem Denkmal aufgerufen worden – fünf Jahre vor dem 100. Geburtstag. Aber erst 1895 konnte es enthüllt werden. Freiwillige Beiträge aus der Bürgerschaft sorgten für die Finanzierung. Dieses Ereignis wurde in der Lokalpresse ausführlich dokumentiert. Die Schlichtheit des Sockels entspricht, wie jeder sofort bemerken wird, keineswegs den ästhetischen Vorstellungen der Gründerzeit. In der Tat sah das Denkmal zur Zeit seiner Enthüllung ganz anders aus: Über einigen Stufen erhob sich ein Sockel, auf dem eine metallene Sphinx zu sehen war. Bekanntlich gab dieses auf einem Felsen vor Theben hausende Ungeheuer den Wanderern ein Rätsel auf, das keiner von ihnen lösen konnte. Sie fragte: Was ist das für ein Tier, das des Morgens auf vier, des Mittags auf zwei, des Abends auf drei Beinen geht? Erst Ödipus fand die Antwort: Es ist der Mensch! Als Kind kriecht er auf allen Vieren, erwachsen geht er fest und aufrecht auf zwei Beinen und als Greis holt er sich den Stock als ein »drittes Bein« zu Hilfe. Die Sphinx selbst zierte den Sockel, das Bronzebasrelief darüber zeigte, wie es in einer zeitgenössischen Beschreibung heißt, »zwei unter mütterlicher Bewachung auf der Erde spielende Kinder, daneben Mann und Frau in der Blüte des Lebens, endlich den vom vergeblichen Haschen nach Glück ermüdeten Greis, der tief gebeugt in Charons Nachen steigt.« (A. Horne) Zwischen Beginn und Ende dieses Lebensganges stand eine verschleierte Figur, in der rechten Hand ein Stundenglas haltend, das Zeichen der Flüchtigkeit und Vergänglichkeit des Irdischen, in der linken die sich in den Schwanz beißende Schlange als Zeichen der Ewigkeit. Diese allegorischen Darstellungen fanden damals keinen ungeteilten Beifall. Ein Kritiker schrieb: »Leider ist dieses Denkmal über alle Begriffe geschmacklos; das Postament gleicht einem eisernen Ofen und ist viel zu hoch.«

Das Thema der Sphinx war aber durchaus glücklich gewählt. Schopenhauer vergleicht sich in seinem polemischen Traktat »Über die Universitätsphilosophie« selbst mit Ödipus, dem prototypischen »Aufklärungsbesorger«, wenn er schreibt: »Die uneigennützigste Aufrichtigkeit des Strebens, der unwiderstehliche Drang nach Enträthselung des Daseyns, der Ernst des Tiefsinns, der in das Innerste der Wesen einzudringen

Die Bibliothek in Frankfurt am Main
»das kostspielige, schöne und durch seinen Zweck ehrwürdige Gebäude«, war 1825/26 vollendet worden.

sich anstrengt, und die ächte Begeisterung für die Wahrheit, – dies sind die ersten und unerläßlichen Bedingungen zu dem Wagestücke, von Neuem hinzutreten vor die uralte Sphinx, mit einem abermaligen Versuch, ihr ewiges Räthsel zu lösen, auf die Gefahr, hinabzustürzen, zu so vielen Vorangegangenen, in den finsteren Abgrund der Vergessenheit.« Bekanntlich war Schopenhauer der Auffassung, das Welträtsel gelöst zu haben. An einer anderen Stelle nennt er »das Daseyn selbst« eine »große Sphinx«, vor der Poeten und Philosophen »verwundert stehn bleiben«. Schopenhauer versuchte sich in Frankfurt auch einmal an einer eigenwilligen Popularisierung des griechischen Mythologems vom »dritten Bein«. Seinem Schuster Hieronymus erläuterte er eines Tages die »überaus populäre Sitte des Stocktragens«. Es handele sich bei dem Gehstock keinesfalls um eine potentielle Waffe, sondern der Brauch stamme »aus der grauesten Urzeit des Menschengeschlechtes, aus einer Zeit etwa, da die Menschen, wenn sie es wollten, oder wenn es ihnen der Selbsterhaltungstrieb gebot, auf allen Vieren liefen. Die Sitte des Stocktragens sei demnach entsprungen aus dem Bestreben heraus, die Arme zu verlängern und mit einem sozusagen künstlichen Gliede den Erdboden gleich den Vierbeinern berühren zu können.« Der Schuster hielt diese Erklärung für einen »guten Witz«, was Schopenhauer sehr verstimmt haben muß, denn er verschwand mit einem grimmigen Gesicht.

Im Zweiten Weltkrieg wurde der Sockel demontiert, allerdings nicht aus ästhetischen Gründen. Die »Reichsstelle für Metalle« sorgte dafür, daß die Verzierungen am Postament, wenig später auch die Büste und das Basrelief entfernt wurden. Eine Eingabe des Bundes der Altstadtfreunde und der Schopenhauer-Gesellschaft konnte die Einschmelzung der Büste zu kriegswichtigen Zwecken zum Glück verhindern. Sie kam zurück, wurde allerdings 1951 von nicht-staatlichen Metalldieben gestohlen und erst Wochen später leicht beschädigt in einem Trümmerkeller wieder aufgefunden. 1952, am 21.9. (Schopenhauers Todestag), konnte das Denkmal, mit restaurierter Büste und auf dem schlichten Steinsockel, nicht weit von seinem früheren Standort entfernt, erneut enthüllt werden.

Die lebensgroße Büste von Schierholz selbst, nach der Lenz gearbeitet hatte, stand lange Zeit im Treppenhaus der Frankfurter Stadtbibliothek, vor dem Eingang zum damaligen Schopenhauer-Archiv. Sie wurde 1944 mit der Bibliothek zerstört.

Kaum bekannt ist, daß Schierholz in den Jahren 1892/93 auch eine überlebensgroße, 2,60 m hohe Statue Schopenhauers geschaffen hat. Es handelt sich um eine Steinfigur, die 1893 auf dem Dachrand des westlichen Flügels der Stadtbibliothek aufgestellt wurde. Acht »Standbilder berühmter Frankfurter, Leuchten der Wissenschaft« schmückten das Dach: Auf der Ostseite J. F. Böhmer, A. v. Lersner, Ph. J. Spener und E. Rüppell, auf der Westseite J. v. Fichard, M. Merian, G. Varrentrapp und schließlich Schopenhauer als »Vertreter der Philosophie«. Wieder sei eine zeitgenössische Beschreibung zitiert: »Während das eigentliche Denkmal im Rechneigraben nur seine Büste zeigt, erscheint er hier in ganzer Gestalt: der Körper klein und gedrungen, der Kopf gewaltig.« Der Philosoph war dem Schreiber, einem bekennenden Frankfurter, offenbar nicht ganz geheuer, wie die nächsten Sätze zeigen: »Selbst diesem finsteren Manne, der von der großen Gottesschöpfung fast nur die schlimme Seite sah und in seinen Schriften geißelte, muß unser Frankfurt als eine besonders bevorzugte Stadt erscheinen sein, da er die letzten dreißig Jahre seines Lebens hier zubrachte.« Eine Abbildung dieser großen Steinfigur scheint nicht erhalten zu sein.

Man braucht nur wenige Schritte zu gehen, um von der Büste zum Ort der ehemaligen Stadtbibliothek zu gelangen. Das Gebäude wurde im 2. Weltkrieg vernichtet, nur der sogenannte »Portikus« blieb stehen und wurde restauriert. Heute sind in dem kleinen Anbau hinter dem Portal Ausstellungen moderner und postmoderner Künstler zu sehen. Die Bibliothek nannte Schopenhauer ein »kostspieliges, schönes und durch seinen Zweck ehrwürdiges Gebäude«. Alte Darstellungen zeigen den klassizistischen Bau von 1825/26 mit seinen beiden Flügeln, direkt am damals noch unbefestigten Mainufer gelegen. Die Straße davor war eine ansehnliche Promenade, die zum

In Ihrem Hause wird
kein fremder Hund
gefüttert. Was außer-
halb Ihres Hauses
geschieht, geht Sie
natürlich nichts an.
A. S.

Treppenhaus im Schopenhauer-Haus (Nr. 16)
Obwohl Schopenhauer in Nr. 16 nur etwas
mehr als ein Jahr gewohnt hat, ist dieses Haus,
das die Fülle seines späten Ruhms erlebt hat,
zum eigentlichen »Schopenhauer-Haus« geworden. Die Stadt Frankfurt hatte es, anläßlich seines 150. Geburtstags, 1938 zum »Schopenhauer-Museum« bestimmt und bereits teilweise
eingerichtet. Der schwere Luftangriff von 1943
zerstörte alles.

Die zerstörten »Schopenhauer-Häuser«

gemächlichen Spazierengehen einlud und auf das Fischerfeld hinausführte. Um den Portikus, den Überrest, heute betrachten zu können, empfiehlt es sich, die verkehrsreiche Straße zu überqueren und auf die Verkehrsinsel zu wechseln. Von dort aus gewahrt man auch die Inschrift in goldenen Lettern, die das Giebelfeld ziert. Ihr Wortlaut ist Schopenhauer zu verdanken. Die Stadtväter hatten in der Eile oder aus Unkenntnis einen lateinischen Spruch zusammengestoppelt, der den Unmut des Philosophen hervorrief. In seinem 1837 verfaßten »Gutachten über das Göthen zu setzende Monument« übte er deutliche Kritik. Die einleitende »Apologie des Verfassers«, in der er sich als Kenner der Antike und Sachverständiger in ästhetischen Fragen legitimiert, beginnt mit den Worten: »Ich möchte wohl mich bescheiden und bei dem Zutrauen beruhigen, daß die, welche den Willen und das Geld haben, Göthen ein Monument zu errichten, auch zur zweckmäßigsten Ausführung des edlen Vorhabens wohlberathen seyn werden.« Dem guten Willen entspricht aber bekanntlich nicht immer die erforderliche Fähigkeit, etwas auch ins Werk zu setzen. Schopenhauers »Zutrauen« – so schreibt er – wanke, sobald er auf die Inschrift blicke, die das Gebäude »verunziert«. Sie lautete zunächst: »Studiis libertati reddita civitas, welche in 4 Worten 3 Fehler hat und fast Küchenlatein heißen könnte; wenigstens dem Cicero unverständlich seyn würde.« Die Korrektur folgt auf dem Fuße. »In ächtem Latein müßte sie lauten: ›Litteris, recuperata libertate, civitas.‹« Nicht »studia« für Wissenschaften und schöne Künste, sondern »litterae«, nicht »der Freiheit (Dativ) zurückgegeben«, reddita, sondern »nach Wiedererlangung der Freiheit«, als Ablativus absolutus konstruiert. »In ganzem Ernst wäre es wünschenswerth, daß an einem schönen Morgen, in aller Stille, diese Inschrift an die Stelle der jetzigen geschoben würde, damit nicht ferner jedem Gelehrten, der die Bibliothek besucht, gleich an der Schwelle ein Lächeln oder Achselzucken abgenöthigt werde. Von der Veränderung würde die Stadt 3 Tage klatschen; aber Jahrhunderte hätten danach eine würdige Inschrift vor Augen.« Länger als ein Jahrhundert prangte das »unwürdige« Küchenlatein an besagter Stelle. Erst

1939 wurde die Inschrift nach Schopenhauers Vorschlag geändert. Schopenhauer besuchte die Bibliothek, die in unmittelbarer Nähe zu seiner Wohnung lag, oft, gezwungenermaßen unter dem falschen Text, den die schönen Krämerseelen ihren Mitbürgern beschert hatten, das Portal durchschreitend. Immerhin fand er sich im Innern gleich dem Goethe-Denkmal von Marchesi gegenüber, das seit 1840 in der Bibliothek aufgestellt war. Einmal war er mit Goethes Schwiegertochter Ottilie dort, und er schreibt von ihrem gemeinsamen Eindruck: »Wir waren beide ganz ergriffen. Sie sagte: Ja, es ist der Vater, es ist wirklich der Vater.« Schopenhauer war, wie man weiß, ein leidenschaftlicher Leser. »Ohne Bücher auf der Welt, wäre ich längst verzweifelt«, schreibt er 1822 aus Italien.

Die Uferstraße in der Richtung der Alten Brücke folgend, gelangt man nach wenigen Minuten zum Ort der ehemaligen »Schopenhauer-Häuser« in der Schönen Aussicht Nr. 17 und 16. 1843 hatte Schopenhauer sich hier niedergelassen, nach häufigen Wohnungswechseln endlich ein angemessenes Domizil beziehend. Insgesamt 16 Jahre wohnte er im Erdgeschoß der Nr. 17, bis ihn ein Streit mit seinem Vermieter dazu brachte, ein Haus weiterzuziehen. Der Grund für diesen Wechsel war der Vorwurf, im Haus fremde Hunde gefüttert zu haben. Seine Antwort ist erhalten. Erbost ließ er den Hausbesitzer wissen: »In Ihrem Hause wird kein fremder Hund gefüttert. Was außerhalb Ihres Hauses geschieht, geht Sie natürlich nichts an.« Sprach's und zog ein Haus weiter, in die Nr. 16. Dieses Haus, großzügiger angelegt, mit einer kleinen Vorhalle und korinthischen Säulen im Treppenhaus, ist zum eigentlichen »Schopenhauer-Haus« deklariert worden. 1938 bewilligte die Stadt Frankfurt Mittel, um die ehemalige Wohnung zum Schopenhauer-Museum ausbauen zu lassen. Die Räume wurden erworben und restauriert, und man kaufte zeitgenössische Möbel zur Ergänzung der noch teilweise erhaltenen Originaleinrichtung an. Die Vorarbeiten konnten 1939 abgeschlossen werden. Die geplante Eröffnung fand allerdings nicht statt: 1940 verhinderte ein Wasserrohrbruch die Übergabe der Wohnung, später waren es die

Kriegsereignisse. Am 2. März 1944 wurde das Haus von Bomben getroffen und brannte völlig aus. Etwa die Hälfte der dort gelagerten Archivbestände wurde vernichtet, unter anderem auch das Bett und die Nachtmütze des Philosophen. Wer heute die Schöne Aussicht Nr. 16 sucht, wird dort zwar auch eine Nr. 16 finden. Es gibt sogar eine Inschrift über dem Hauseingang: »In diesem Haus starb am 21.9.1860 Arthur Schopenhauer.« Ein Blick von der Alten Brücke auf das Ensemble und der Vergleich mit alten Photographien zeigt aber, daß die heutige Nr. 16 nicht an dem Ort des »Schopenhauer-Hauses« mit der entsprechenden Nummer steht. Wo Schopenhauers letzte Wohnung stand, befindet sich heute ein wüst bewachsenes Trümmergrundstück, durch Bretterzäune den Blicken entzogen.

Versuchen wir, einen Blick in Schopenhauers Wohnung zu werfen. Wie wohnte er? Arthur Hübscher hat die Räume detailliert in seinem »Lebensbild« beschrieben: »Zu beiden Seiten des Hausflurs je ein zweifenstriges Zimmer: rechts das Bibliothekszimmer, links der Wohnraum, an den rückwärts ein zum Schlafzimmer führender Alkoven grenzt. Im Wohnraum steht an der Wand gegenüber der Eingangstür ein altes mit Leder bezogenes Sofa im Louis-Philippe-Stil um 1840.« Das Sofa ist heute noch erhalten und steht im Schopenhauer-Archiv des Archivzentrums der Stadt- und Universitätsbibliothek in der Bockenheimer Landstraße 102. »Darüber hängt ein kleines Bild Goethes. ›Sechzehn Hundekupferstiche‹ von Ridinger, Woolett und anderen sind an der Wand verteilt.« 1860 schreibt Schopenhauer amüsiert an den befreundeten C. G. Bähr, daß diese Hundekupferstiche von der Tradition, genauer: der einsetzenden Legendenbildung »allmählig belebt« worden seien: Es kursierten Gerüchte, denen zufolge der seltsame Hausbewohner seine Räume mit sechzehn Hunden teile. Auch dies gehörte zur »Komödie des Ruhms«. Hübscher schreibt weiter: »Vor dem Sofa steht ein klassisch-antiker runder Tisch. In der innersten Zimmerecke glänzt auf einer Marmorkonsole eine vergoldete tibetanische Buddhastatue«, die Schopenhauer E. Crüger verdankte. »Die Wand gegenüber dem Sofa zeigt einige Daguerroty-

pien Schopenhauers, ein Pastellbild seiner Mutter, Kupferstichporträts von Shakespeare und Cartesius, sowie auf einem und demselben Blatte Kant und Matthias Claudius. In der Ecke nahe dem Ofen steht auf einem Postament die Gipsbüste Wielands. Links über der Tür der Gipsabdruck eines Hundekopfes mit langen, herabhängenden Ohren, das Abbild des toten weißen Pudels, der im Herbst 1849 gestorben ist und nun einen braunen Nachfolger gefunden hat. Unfern des einen Fensters hat ein hoher Schreibsekretär seinen Platz, vom Pult blickt die Hagemannsche Kantbüste herab« – ein sehr römisch wirkender, mit einer Art Toga bekleideter Kant. »Am andern Fenster, dem Sekretär gegenüber, steht ein viereckiger, mit Wachstuch überzogener Tisch, daneben ruht der Pudel auf einem schwarzen Bärenfell … Jenseits des Hausflurs liegt die Bibliothek«, die laut einem Nachlaß-Verzeichnis aus insgesamt 1375 Werken und Sammelbänden bestanden haben soll.

Das Deutschherrenhaus

Nach diesem Blick über den Bretterzaun der Vergangenheit in die Wohnung Schopenhauers empfiehlt es sich, auf die Mainbrücke zu gehen, um von dort die ehemalige Prachtstraße »Schöne Aussicht« in ihrem heutigen Zustand in Augenschein zu nehmen. Die Bäume versperren inzwischen den Blick auf das gegenüberliegende Mainufer. Dort, im Deutschherrenhaus, wohnte ein Geistesverwandter, der »Frank-

Die brutale Ermordung zweier Delegierter der Nationalversammlung, Auerswald und Lichnowsky

furter«, dessen »Theologia deutsch« Schopenhauer sehr schätzte und brieflich dringend zur Lektüre empfahl. »Lesen Sie es ja«, schrieb er dem »alten Treufreund« Frauenstädt, »es kostet nur 24 Silbergroschen.« Sein Exemplar mit zahlreichen Anstreichungen ist erhalten. Schopenhauer ging in den Jahren ab 1855 oft über die Brücke in das Deutschherrenhaus, um dem Maler J. Lunteschütz Modell zu sitzen. Im Westen, von der Brücke gut zu sehen, befand sich die »Mainlust« mit Musikpavillons, Lokalen und Badeanstalten, die Schopenhauer regelmäßig aufsuchte, sofern Wetter und Gesundheit es erlaubten. Das regelmäßige Bad im Main war offensichtlich damals der Gesundheit förderlich.

1848 kam es nach den Februarunruhen in Paris und der Märzrevolution in Berlin auch in Frankfurt zu einem Aufstand gegen die Nationalversammlung, die sich am 18. Mai in der Paulskirche konstituiert hatte. Selbst in der »Schönen Aussicht« fanden Straßenkämpfe statt. Im Rückblick auf diese Tage schreibt Schopenhauer: »Aber was haben wir erlebt! denken Sie sich, am 18. September eine Barrikade auf der Brücke und die Schurken bis dicht vor meinem Hause stehend, zielend und schießend auf das Militär in der Fahrgasse, dessen Gegenschüsse das Haus erschüttern: plötzlich Stimmen und Geboller an meiner verschlossenen Stubentüre; ich, denkend, es sei die souveräne Kanaille, verrammle die Thür mit der

Stange: jetzt geschehn gefährliche Stöße gegen dieselbe«, bis »die feine Stimme« seiner Magd endlich Entwarnung gibt. Es waren Österreicher, »werthe Freunde«. Schopenhauer läßt sie herein, damit sie »das Pack hinter der Barrikade« beschießen können und schickt, als diese sich anders besinnen, dem Offizier seinen großen »Opernkucker«. Sein Resumé aus diesen politischen Wirren: »Der Himmel befreie uns von aller Freiheit«!

Schopenhauer war durchaus kein Eremit, der zurückgezogen nur in seinen Büchern lebte. Er beteiligte sich sehr wohl am gesellschaftlichen Leben der Freien Reichsstadt Frankfurt. Er war Mitglied der Lesegesellschaft des Bürgervereins und der Casino-Gesellschaft, die ihren Sitz nur wenige Schritte vom Englischen Hof entfernt hatte. Dort las er regelmäßig die »Times«, zu deren Lektüre ihn bereits der Vater in frühen Jahren angehalten hatte. Daß der »Buddha von Frankfurt« ein bestimmtes Quantum seiner kostbaren Zeit für die Zeitungslektüre bestimmt hatte, paßt – wie vieles andere auch – nicht in das übliche Bild. Schopenhauer trat ferner dem 1841 gegründeten »Verein zum Schutze der Thiere« bei und besuchte oft das Physikalische Kabinett der Senckenbergischen Stiftung, die Städelsche Gemäldegalerie und das »Nationaltheater« der Frankfurter, das Komödienhaus. Auch öffentliche Vorträge und Experimente fanden sein lebhaftes Interesse, sofern sie sich auf sein Werk bezogen. Den »Professor des Magnetismus« aus Bergamo, Regazzoni, hörte er »3 Mal öffentlich«. Auf diese Weise kam er auch mit Freimaurern in Kontakt. Ausflüge führten ihn in den Taunus und nach Mainz, wo er den befreundeten Richter Becker, seinen »gelehrtesten Apostel«, besuchte. Mit der Bahn reiste er nach Aschaffenburg, um dort das von Ludwig II. errichtete »Pompejanische Haus« zu besichtigen. Einige der vielen Anekdoten, die bald begannen, sich um sein Leben zu ranken, schreiben ihm sogar die Teilnahme an Jagdgesellschaften und den – erfolgreichen – Besuch von Spiel-Etablissements zu. Seine Mittagsmahlzeit nahm er an der Table d'hôte im Speisesaal des »Englischen Hofes«, dem bekanntesten Hotel der Stadt, ein. Das architektonisch bemerkenswerte Gebäude stand an der Südseite des Roß-

Der 1840 errichtete »Taunusbahnhof«. Nach Errichtung des Hauptbahnhofs 1880 abgerissen.

marktes, nicht weit von der Katharinenkirche entfernt. Vom Gutenberg-Denkmal aus läßt sich der Standort des Hotels, in dem Schopenhauer »Hof hielt«, noch ausmachen, auch das schräg gegenüberliegende Haus der Casino-Gesellschaft ist mit wenig Mühe im Geiste zu rekonstruieren, sofern man die zeitgenössischen Abbildungen zur Hand hat. Ein Bericht des französischen Staatsmannes Foucher de Careil gibt eine Momentaufnahme des Philosophen in der Gesellschaft. 1839, so schreibt er, war Schopenhauer bereits ein Greis. »Sein blaues, lebhaftes Auge, seine dünne Lippe, welche ein feines, sarkastisches Lächeln umspielte, seine weite, von zwei weißen Haarlocken eingerahmte Stirne drückten der von Geist und Boshaftigkeit sprühenden Physiognomie das Siegel des Adels und der Vornehmheit auf. Seine Kleider, seine Spitzenkrause und weiße Kravatte erinnerten an einen Greis aus dem Ende des Zeitalters Ludwig XV.; seine Manieren waren die eines Mannes aus der guten Gesellschaft. Sehr zurückhaltend und von einem oft bis zum Mißtrauen gehenden Naturell, verkehrte er bloß mit seinen intimsten Freunden oder den Frankfurt besuchenden Fremden. Seine Bewegungen erreichten in der Konversation oft eine außerordentliche Lebhaftigkeit. Er haßte die eitlen Wortgefechte, dafür aber wußte er um so mehr den Reiz eines gründlichen und geistvollen Gespräches zu würdigen … Sein Gespräch sprudelte nur so von witzigen Einfällen, Citaten und interessanten Details und ließ die Stunden

Das Städelsche Kunstinstitut v. d. Promenade gesehen.

vergessen; manchmal lauschten ihm seine intimen Freunde bis Mitternacht, ohne daß sie ein Augenblick der Müdigkeit überkam oder das Feuer seines Blicks erlosch. Seine ausdrucksvollen Worte fesselten die Zuhörer, sie malten und analysierten zugleich; ein Hauch von Empfindsamkeit vermehrte noch das Feuer seiner Beredsamkeit. Vor allem zeichnete sich sein Gespräch durch eine seltene Klarheit aus. Ein Deutscher, der viel in Abessynien gereist war, war ganz erstaunt, als ihm Schopenhauer die verschiedenen Krokodilarten so detailliert geschildert hatte, daß er anfangs glaubte, es mit einem alten Reisegefährten zu tun zu haben.« Foucher schließt seinen Bericht mit den Worten: »Glücklich diejenigen, denen es vergönnt war, diesen letzten der Kauseure aus dem Zeitalter des vorigen Jahrhunderts zu hören! Er war in dieser Hinsicht ein Zeitgenosse Voltaires, Diderots und Chamforts.« Ein anderer Freund, Georg Römer, bestätigt diesen Eindruck und meint: »Höchst merkwürdig ist es …, wie man Schopenhauer einer einsiedlerischen Zurückgezogenheit hat beschuldigen können.«

Der Gang auf den Spuren Schopenhauers führt weiter. Es bietet sich an, als nächste Station das Schopenhauer-Archiv aufzusuchen, in dem unter anderem die erhaltenen Gegenstände des persönlichen Gebrauchs aufbewahrt werden: Serviettenring, Rasiermesser, Eßbesteck, Brille, vor allem die Flöten. Auch das Sofa, auf dem er starb, steht dort. Die Tapete des einen Raumes konnte – dank einer großzügigen privaten Spende – originalgetreu restauriert werden. An den Wänden hängen die berühmten Porträts: das wunderbare Jugendbildnis von Ruhl und die Altersbilder von Lunteschütz, Hamel und Goebel. Angesichts der Dinge, die wie Reliquien in den Vitrinen liegen, sorgfältig vor unbefugtem Zugriff geschützt, ist die Erinnerung an den Alltag des Philosophen, das gelebte Leben, am Platze, so wie es der erste Biograph, W. v. Gwinner, überliefert hat. »Sommer wie Winter pflegte er zwischen sieben und acht Uhr morgens aufzustehen; dann wusch er sich den ganzen Oberkörper mit einem großen Schwamm und tauchte das Gesicht mit offenen Augen in kaltes Wasser. Dies hielt er zur Stärkung des Sehnervs für nützlich. Den Kaffee bereitete

er sich selbst zu. Danach arbeitete er zwei Stunden lang, und niemand durfte ihn in dieser Zeit stören. Von elf Uhr an war er für Besucher zu sprechen. Nachdem er dann noch eine halbe Stunde Flöte gespielt hatte, rasierte er sich selbst und zog sich zum Mittagessen an. Zu diesem erschien er im Hotel stets in Frack und weißer Binde. Nach dem Essen schlief er eine Stunde zu Hause, trank dann seinen Nachmittagskaffee und unternahm darauf einen weiten Spaziergang, begleitet von seinem Pudel. Wenn es die Jahreszeit irgend erlaubte, badete er am Nachmittag im Main – er war ein vorzüglicher Schwimmer. Nach der Rückkehr von seinem Spaziergange, auf dem er eine Zigarre immer nur zur Hälfte zu rauchen pflegte, da er den feuchten Rest für schädlich hielt, besuchte er das Kasino oder die Lesegesellschaft, genoß in seinem Hotel eine kalte Fleischspeise und ging dann ins Konzert oder das Theater, falls er es nicht vorzog, den Abend daheim bei leichter Lektüre und einer Pfeife zu verbringen. Er rauchte aus fünf Fuß langen Weichselrohren; der Rauch sollte sich in ihnen gehörig abkühlen. Sein Schlafzimmer durfte nie geheizt werden; nur in eine leichte Decke gehüllt, schlief er auch im Winter stets bei offenem Fenster.«

Der kleine Gang durch Schopenhauers Frankfurt hatte den Leser bereits mit den in diesem Bericht genannten Orten vertraut gemacht: mit der Wohnung, dem Hotel »Englischer Hof«, der Mainlust, Casino- und Lesegesellschaft. Das Archiv, aus dem vielleicht einmal – zum größeren Ruhme Frankfurts und Schopenhauers – ein Museum wird, ist der richtige Ort für einen vorläufigen Abschluß. 30 Schopenhauer-Porträts und -Büsten, 90 Manuskripte des Philosophen, 147 Briefe und Briefentwürfe, 228 Briefe von Mutter und Schwester, 339 Briefe Dritter an Schopenhauer, 79 Dokumente zur Lebensgeschichte und 441 Titel seiner Bibliothek, viele mit Anstreichungen und bemerkenswerten Randglossen von seiner Hand werden in diesen Räumen verwahrt (Stand: 1988). Der Weg könnte noch weiterführen, auf den Hauptfriedhof, zu seiner Grabstätte. »Ein Denkmal wird die Nachwelt mir errichten« schrieb der junge Schopenhauer. »Sie werden mich finden« der alte – mit beiden Sätzen hat er Recht gehabt.

34

Schopenhauers Frankfurter Leben
Kleiner Dialog über Gerüchte und Geschichten
von Angelika Hübscher

Sie gestalten eine Ausstellung über Schopenhauer und sein Leben in Frankfurt – was gibt es da überhaupt zu sehen? Der Philosoph des Pessimismus hat fast 30 Jahre hier gelebt – aber was für ein Leben, keine Freunde, keine Freude, kein Umgang; er war doch ein ausgepichter Schwarzseher.

Unsere Ausstellung ist entstanden für Menschen wie Sie, die nur die alten überholten Gerüchteklischees kennen. Ich denke, Sie werden einiges Neue erfahren.

Einiges weiß ich immerhin schon: mehrere Bücher, die er in Frankfurt geschrieben hat, sind hier auch verlegt worden.

Das erste ist »Ueber den Willen in der Natur«, die Schrift, mit der er, nach dem Erscheinen seines erfolglosen Hauptwerkes »Die Welt als Wille und Vorstellung«, »ein siebzehnjähriges Schweigen brach«; der Frankfurter Siegmund Schmerber, ein kleiner »nachlässiger Verlag«, brachte sie heraus, mitsamt ihrem ebenso stolzen wie ungeschlachten Untertitel »Eine Erörterung der Bestätigungen, welche die Philosophie des Verfassers, seit ihrem Auftreten, durch die empirischen Wissenschaften erfahren hat«!

Da war ein neuer Mißerfolg schon fast vorprogrammiert.

Wieviel dem Autor an dieser kleinen, aber in der Tat grundlegenden Schrift gelegen war, die er »einen genauen Verwandten« des Hauptwerks nennt, zeigt ein Brief an seine Schwester Adele: das Buch sei eine summa dessen, »was mein Leben, Streben und Leiden eigentlich ist«.

Aber nur wenige interessierten sich damals für Schopenhauers Leben und Streben.

Adele Schopenhauer hat die Neuauflage, erst etwa 20 Jahre später, nicht mehr erlebt; der Frankfurter Verleger Friedrich Emil Suchsland brachte sie heraus. Suchsland, Inhaber der ehem. Hermann'schen Buch-

handlung, war ein Verehrer Schopenhauers; er hat 1847 auch die 2. Auflage der Dissertation von 1813, in ihrer Umgestaltung durch Schopenhauer, herausgebracht, und schon sechs Jahre zuvor »Die beiden Grundprobleme der Ethik«, zwei Abhandlungen, »die sich genau zu einem System der Grundwahrheiten der Ethik ergänzen« (Schopenhauer). Es waren Preisschriften, deren eine, »Ueber das Fundament der Moral«, er bei der Kgl. Dänischen Societät der Wissenschaften, deren andere er bei der Kgl. Norwegischen Gesellschaft der Wissenschaften eingereicht hatte. Kopenhagen hat ihm seine Arbeit zurückgeschickt, weil er das Thema verfehlt habe, insbesondere aber, weil er mit den Größen der deutschen Philosophie – »summis philosophis« – unschicklich – »indecenter« – umgegangen sei. Die Namen werden in der Begründung der Absage nicht genannt, aber wir alle wissen sie, und wissen, daß er auch sonst äußerst unsanft mit den berühmten Männern umging und sich mit seiner Grobheit am meisten selbst geschadet hat. Getroffen hat ihn die Absage aus Kopenhagen schon, er hat Suchsland angewiesen, unter den Titel der zurückgesandten Schrift eigens zu setzen: »Nicht gekrönt«. Die norwegische Akademie aber hat seine Schrift »Von der Freiheit des Willens« mit der Überreichung ihrer goldenen Medaille und der Einladung zur Mitgliedschaft ausgezeichnet.

Gutzkow berichtet, er sei Zeuge gewesen, wie Schopenhauer immer wieder die Treppen zum norwegischen Konsulat hinaufgestürmt sei, um sich nach der Ankunft der Insignien zu erkundigen. War der Philosoph eitel?

Das war wohl nicht nur Eitelkeit. Schopenhauer hatte seit seinen jungen Jahren das Gefühl einer Berufung, gewissermaßen zum Dienst an der Menschheit. Der Trondheimer Preis mag ihm, nach vielen Mißerfolgen als Autor und als Dozent an der Berliner Universität, wie eine Art Bestätigung erschienen sein.

Adele Schopenhauer hat die Ethikschrift noch gelesen, sie war eine hochgebildete, begabte Frau; nach einem schweren Leben, großenteils unter der Herrschaft der verschwenderischen und gefühlsarmen Mutter, starb sie 1849 in Bonn. Noch auf dem Sterbebett wurde ihr ein Gruß des Bruders aus Frankfurt vorgelesen – der Brief wurde erst vor wenigen Jahren aufgefunden, und bis dahin hielt sich die Legende, Schopenhauer habe

Scherenschnitt von Adele Schopenhauer

sich nicht um die leidende Schwester gekümmert. In der Ausstellung zeigen wir ein Zeugnis der einzigartigen Fertigkeit Adeles: "sie war eine Meisterin der in jenen Jahren viel ausgeübten Kunst des Scherenschnitts.

Wie kam das seltene Stück nach Frankfurt?

Als Arthur Hübscher 1962 vom damaligen Oberbürgermeister der Stadt hierher berufen wurde, um für den Philosophen wieder einen zentralen Ort, um eine anerkannte »Schopenhauer-Stadt« zu schaffen, wurde er zugleich darauf hingewiesen, daß es hier noch eine Nachfahrin der Familie von Johanna Schopenhauer gebe, in der sogar noch Schopenhauers Gesichtszüge aufschienen. Wir kümmerten uns ein wenig um die alte Dame; die Ähnlichkeit, insbesondere mit dem Bild von Hamel im Schopenhauer-Archiv, war wirklich frappant.

Sie übermachte uns ihren kostbaren Besitz, Adeles Scherenschnitt, und ihr zu Ehren zeigen wir ihr Jugendbild und ihre alten Alben.

Auf dem Jugendbild ist die Ähnlichkeit mit dem alten Schopenhauer natürlich noch nicht zu sehen; aber auch Johannas schriftstellerisches Talent scheint sich ein wenig vererbt zu haben: wir haben hier ein Gedichtbändchen der Nachfahrin.

In Frankfurt hat Schopenhauer sein Erfolgswerk geschrieben, die »Parerga und Paralipomena«, kein Verleger wollte das zweibändige Werk mit dem ungefügen Titel haben, nicht einmal der wohlwollende Suchsland; ein unbekannter kleiner Berliner Verlag brachte es heraus – es wurde ein Riesenerfolg; die anderen mögen sich hinterher weidlich geärgert

»Guter Ort für eine Eremitage«

haben! Von da an hat man in Frankfurt nicht mehr vom »Sohn der berühmten Romanschriftstellerin Johanna Schopenhauer« gesprochen, er war selbst berühmt geworden, und die Legende vom Eremiten, der auf seinen Spaziergängen nur mit sich selbst und mit seinem Pudel redete, bekam einen neuen Klang.

Es heißt, daß er Frankfurt »guter Ort für eine Eremitage« genannt hat.

Wenn er arbeitete – nach genauem Zeitplan von frühmorgens bis Mittag, – wollte er in der Tat ganz allein sein und konnte auf Störungen, etwa durch unangemeldete Besucher, durchaus unfreundlich reagieren. Andererseits hat er schon bald nach seiner end-

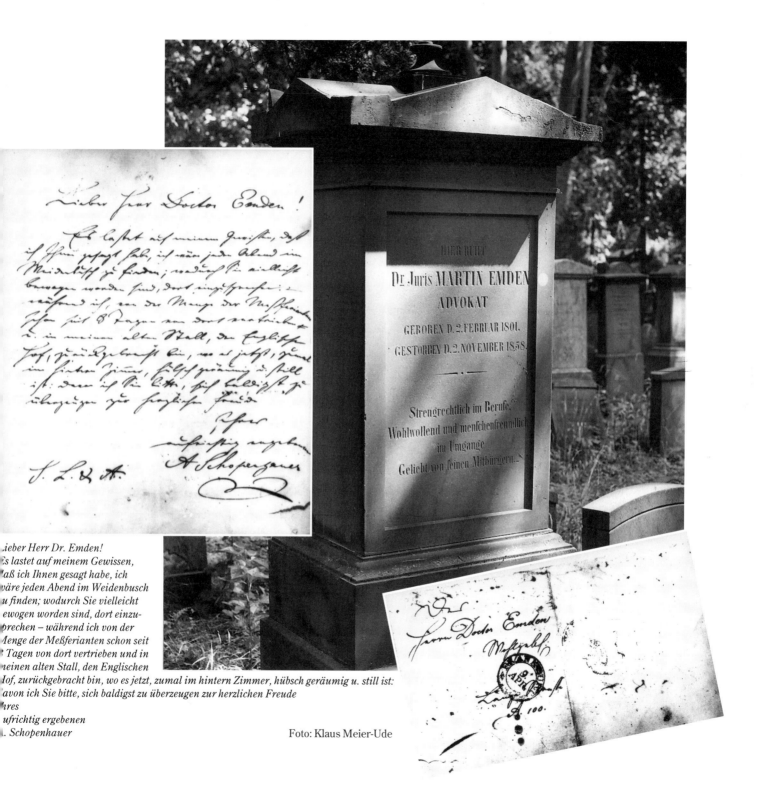

Lieber Herr Dr. Emden!
Es lastet auf meinem Gewissen,
daß ich Ihnen gesagt habe, ich
wäre jeden Abend im Weidenbusch
zu finden; wodurch Sie vielleicht
bewogen worden sind, dort einzu-
sprechen – während ich von der
Menge der Meßferianten schon seit
8 Tagen von dort vertrieben und in
meinen alten Stall, den Englischen
Hof, zurückgebracht bin, wo es jetzt, zumal im hintern Zimmer, hübsch geräumig u. still ist:
davon ich Sie bitte, sich baldigst zu überzeugen zur herzlichen Freude
Ihres
aufrichtig ergebenen
A. Schopenhauer

Foto: Klaus Meier-Ude

Stadtrat Gottfried Carlot Beck (1821–1911)

Georg Römer (1813–1896)

gültigen Niederlassung in unserer Stadt, in den dreißiger Jahren, gute Bekannte, ja Freunde gewonnen.
Freunde?
Sogar nahe Freunde, denen er vertraute und die – das ist nicht zuviel gesagt – ihn liebten. Der ihm am nächsten stand, war Martin Emden, Dr. beider Rechte, Rechtsanwalt, aus alteingesessener und hochangesehener jüdischer Familie. Als er starb, brach Schopenhauer in eine ergreifende Klage aus. Emden muß ein wunderbarer Mann gewesen sein. Auf seinem Grabstein im Alten Jüdischen Friedhof steht:
Strengrechtlich im Berufe
Wohlwollend und menschenfreundlich im Umgange
Geliebt von seinen Mitbürgern.
Emden war es übrigens, der die englische Rezension der Parerga, die Schopenhauers Ruhm begründen

sollte, als erster entdeckt und sicher das seine dazu beigetragen hat, daß sie weithin bekannt wurde.
Die Schopenhauer-Nähe blieb in der Familie: hier ist ein Jahrbuch der Schopenhauer-Gesellschaft aus 1930 zu sehen, das den Tod ihres langjährigen Schatzmeisters, des Frankfurter Bankiers Heinrich Emden, betrauert.
Ein weiterer Freund schon der frühen Frankfurter Jahre war Georg Römer, Lustspieldichter, Handelsmann und Commissär der Spielbank Bad Homburg. »Ich hatte schon seit der ersten Frankfurter Zeit das Vergnügen, täglich mehrere Stunden mit Schopenhauer zusammen zu sein und des bezaubernden Reizes seiner Unterhaltung teilhaftig zu werden.« Immer wieder betont Römer Schopenhauers »Herzensgüte, Freundlichkeit, Gefälligkeit«, ja – wörtlich so! – »Gutmüthigkeit«.

August Gabriel Kilzer (1798–1864)

Otto Volger (1822–1897)

Er soll auch mit einem Frankfurter Weißbinder, also einem Malermeister, befreundet gewesen sein.

Das war Carlot Beck, später Stadtrat Frankfurts, mit dem er sich »über Platon, die deutschen Mystiker, Spinoza« und natürlich auch über den ungeliebten Hegel unterhielt. Beck war ein begeisterter, verständnisvoller Anhänger von Schopenhauers Philosophie wie seiner Person. Das war und ist Frankfurt: hohe Bildung im Handwerkerstand! Beck wußte später eine kleine menschlich rührende Geschichte zu erzählen »... Als ich Mitte der 60er Jahre ... einmal mit einem Freund durch Heidelberg ging, kam aus einer Seitengasse plötzlich ein Pudel gelaufen, sprang an mir empor und wußte sich vor Freude nicht zu fassen ... In demselben Augenblick erschien aber auch Schopenhauers alte Haushälterin: ›Sehen Sie doch den Hund! der kennt Sie

noch.‹ Sie . . . weinte im Andenken an ihren guten Herrn«. Wir zeigen auch das Bild der »Magd«, der er das beste Zeugnis ausstellte; nicht nur ihr, sondern auch dem Pudel vermachte er ein Legat.

Das alles klingt sehr verschieden von dem, was man sonst über Schopenhauer hört und liest. Man lernt ihn hier ganz anders kennen. Woher mag das kommen?

Vielleicht daher, daß der erste Biograph Schopenhauers, Wilhelm Gwinner (»Sohn des Senators«, wie Schopenhauer mit winzigem Stolz berichtet – war's vielleicht ein Zeichen dessen, daß er von der Stadt, in der er ja nur als Permissionist lebte, akzeptiert worden war?) beinah vierzig Jahre jünger war als der Philosoph. Bei solchem Alters-, ja Generationsunterschied konnte es kaum anders sein, als daß er den greisen Philosophen anders sah und verstand. Zudem lag ihm ein-

*Wilhelm Kilzer,
der letzte Vorsitzende zu
Schopenhauers Lebzeiten,
ein Verwandter (Sohn?)
von Schopenhauers
Frankfurter Anhänger
August Gabriel Kilzer.*

*Pfarrer Konrad
Maximilian Kirchner,
der erste Vorsitzende
des Frankfurter
»Vereins zum
Schutze der Tiere«*

Wilhelm Gwinner

Dr. Wilhelm von Gwinner

1825 – 1917
Jurist, Schopenhauers Testamentsvollstrecker

gestandenermaßen die Philosophie Schopenhauers nicht. Sehen Sie sich das Jugendbild Gwinners an: ein zarter, romantisch dreinblickender Jüngling – dazu das Altersbild: eine fast harte, in sich ruhende Persönlichkeit (Gwinner wurde über 90 Jahre alt); es gäbe viel dazu zu sagen. Vielleicht war es dem jungen Mann, dessen Biographie bereits ein Jahr nach Schopenhauers Tod herauskam, nicht ganz unlieb, zu zeigen, daß er dem »Freund«, wie er Schopenhauer nennt, der einzige, eigentliche, der wahre Vertraute war. Die gleich nach Schopenhauers Tod erschienene Biographie, der mehrere, erweiterte Auflagen folgten, hat sicher dazu beigetragen, daß das ungefällige Bild vom unfreundlichen, galligen, freundlosen Philosophen, das sich nur dann und wann aufhellt, zum Klischee geworden ist.

Schopenhauers Freunde haben auch eine Art Gegendarstellung verfaßt, die Gwinner sofort mit einem Pamphlet »Schopenhauer und seine Freunde« zu widerlegen versuchte – ungutes Nachspiel eines großen Lebens.

Es ist bei genauem Hinsehen aber auch viel Widersprüchliches in Schopenhauer.

Er vereinigte in der Tat mancherlei Widersprüche in sich: er konnte die traurig-bitteren Sätze vom Leiden in der Welt schreiben wie die Aufforderung ergehen lassen: »Wir sollen der Heiterkeit Tür und Tor öffnen, wann immer sie sich einstellt, denn sie kommt nie zur unrechten Zeit.«

»Der Mensch ändert sich nie«, lehrt er; es ist der innerste Kern des Menschen, von dem er hier spricht. Sein

Caroline Jagemann in ihrer Jugend

Caroline Freifrau von Heygendorf

Die junge Ottilie

Ottilie von Goethe im Alter

innerster Kern war seine eiserne Wahrheitsliebe und seine Ethik, die als zentrale Worte Herzensgüte und Mitleid nennt. In allem, was über diesen innersten Kern hinausging, war er ein Janus-Wesen: melancholisch und heiter zugleich; grob und empfindsam; hart und feinfühlend; abweisend und liebebedürftig: sparsam rechnend und wohltätig; selbstherrlich und bescheiden. So kennen ihn auch die Frankfurter Freunde der späten Jahre, etwa: Vater und Sohn (der wurde Vorstand des Tierschutzvereins, dem Schopenhauer seit der Gründung angehörte) und Otto Volger, Dozent der Senckenbergischen Naturforschenden Gesellschaft (sie war für den Philosophen einer der Hauptanziehungspunkte Frankfurts, als er sich für unsere Stadt entschied). Von Volger lesen wir die schönen Worte über »den von mir aufrichtigst verehrten so außerordentlichen Mann«.

Eines aber steht fest: Von Frauen wollte Schopenhauer nichts wissen; er haßte sie geradezu. Wie verächtlich spricht er in dem Parerga-Kapitel »Ueber die Weiber«!
Dieses kleine Kapitel hat er in der Tat in einem Anflug von Zynismus geschrieben, in unausgesprochener Erinnerung an seine Mutter. Das Wort »Weiber« war übrigens damals noch Gebrauchswort für Frauen – »ganz harmlos«, wie er einmal selbst schreibt. Frauen darf man kein Geld überlassen, und über ihre Schönheit (»kurzbeinig«, »breithüftig«!) läßt sich streiten. Wer aber das Kapitelchen genau liest, wird bemerken, daß es mit einem Zitat beginnt von der hohen Bedeutung weiblichen Wesens für das Leben, das Wohlsein der Menschen. Und es war natürlich auch nicht so, daß Schopenhauer allen Frauen mit abweisender Grobheit begegnet sei – er hat seine Jugendlieben gehabt wie jeder andere Mann, noch in Frankfurt hatte er das, was man »ein Verhältnis« nannte (wir wissen von »einer Witwe in Bockenheim«). Und er hat es, als Mann von Welt und feiner Erziehung, durchaus verstanden, freundschaftlich-gesellig mit Frauen umzugehen – hätten sonst alte Jugendfreundschaften so lange gehalten wie etwa zu Ottilie Goethe, die ihn öfters in Frankfurt besucht hat? »Tief ergriffen« (Schopenhauer) standen die beiden vor dem Goethe-Denkmal des Marchesi, und Ottilie rief aus: »es ist der Vater, es ist ganz der

Margarethe Schnepp, die Haushälterin Schopenhauers

Vater!« Und wir können hier den letzten Brief sehen, den Schopenhauer ihr geschrieben hat: »O Ottily . . .; wir werden alt und rücken zusammen!«
Auch die einst berühmte Weimarer Schauspielerin, der das einzige Liebesgedicht des jungen Schopenhauer gegolten hat, Caroline Jagemann, später, als Mätresse des Herzogs Karl August, Frau von Heygendorf besuchte ihren alten Verehrer, und er erzählte ihr seine berühmte Parabel von den Stachelschweinen, d.i. vom klugen Umgang der Menschen miteinander, »und hatte auch sie große Freude daran. Wir waren die letzten der großen Weimarschen Periode.«
Es wird auch manches über eine Berliner Geliebte Schopenhauers geredet, die er, dazu mit einem Kind, sitzengelassen haben soll.

43

Caroline Medon = Caroline Wilhelmine Richter gen. Medon
(1802–1882), Schopenhauers Berliner Geliebte

»*Mein theurer unvergessener Freund!*«

Perlenstickerei von Caroline Medon.
Geschenk zu Schopenhauers Geburts-
tag 1859.
»*. . . einige Arbeiten, die nur dann*
erst werth [so!] erhalten, wenn Du sie
freundlich annimmst . . .«

Geschenk Schopenhauers an Caroline
Medon, 1860. »Meinen innigsten
Dank für das Geschenk, es ist so schön
gewählt, daß man die Platte auch als
Brosche tragen könnte.«

Es war anders: Schopenhauer verließ Berlin, um der dort ausbrechenden Cholera zu entgehen, er bat Caroline Medon, seine Geliebte seit 1821, mit ihm zu kommen – allerdings ohne das Kind, das sie, während seiner zweiten Italienreise, von einem andern bekommen hatte. Sie aber sah in dem Buben, der schon kleiner Tanzeleve am Theater war, »ihr Kapital« – was er dann auch wirklich wurde: er heiratete später, gutaussehender junger Mann, eine reiche Witwe und konnte gut für die Mutter sorgen.

Sie soll ihn in Frankfurt besucht haben.

So geht die Legende, man weiß nichts Genaues. Aber man kann hier die Perlenstickereien sehen, die sie ihm, dem Berühmtgewordenen zum Geburtstag geschickt hat, zusammen mit einem großen Blumenstrauß; er berichtet fast stolz von den Geschenken. Aber auch ein Geschenk von ihm für die Medon haben wir ausgestellt: ein kleines Damen-Notizbuch; die Empfängerin hat gleich ihren Namen hineingeschrieben, aber es weiter nicht benützt.

Ganz am Ende wurde er doch in seiner Wohnung von einer Bildhauerin porträtiert – wie mag das mit den beiden, bei seinem streng geregelten Tagesablauf, gegangen sein?

Die Künstlerin – eine Großnichte des Marschalls Ney – ging sehr geschickt auf den alten Herrn ein; er fand sie reizend, schwärmte sogar ein wenig von ihr. Er kochte Kaffee (die Haushälterin kam mit dem Getränk nicht so gut zuwege wie er selbst), sie saßen zusammen auf dem Sofa, das heute im Schopenhauer-Archiv steht, und er bemerkte, ganz glücklich, er »komme sich vor fast wie verheiratet«.

Wir wissen aus dem Beitrag von Thomas Regehly, wieviel Anteil Schopenhauer am städtischen Leben genommen, wie er Theater, Museen, den Zoo, die Lesegesellschaft usw. besucht hat – eine letzte Frage bleibt offen: Warum hat er sich so vehement gegen die Geschehnisse von 1848 gewandt, gegen die »Paulskirchenkerle«, wie er grob schrieb?

Ganz so demokratisch ging es 1848 auch nicht zu. Der Mob hatte die Delegierten Auerswald und Lichnowsky einfach hingeschlachtet; Sie sehen das zeitgenössische Bild. Auf jemanden, der, wenn auch als Kind, in Frankreich noch die blutige Seite der Grande Revolution in manchen Folgeerscheinungen erlebt hatte und der sich, ganz offenherzig, vor Gewalt und Roheit fürchtete, wirkten die Geschehnisse von 48 erschreckend. Man sollte wohl auch nicht vergessen, daß der alte Gast an der table d'hôte des Englischen Hofs, der Mann mit dem »Löwenhaupt« (Frauenstädt) und den vielfach bezeugten auffallenden eisblauen Augen, mit der stets »blütenweißen Halsbinde«, der Eleganz früherer Jahre, bei aller zeitlosen Aktualität seiner Lehre immer auch ein wenig ein letzter Sproß des 18. Jahrhunderts war. Das spöttisch-neidische Wort (1854) des Hegelianers Rosenkranz vom »neuerwählten Kaiser der Philosophie in Frankfurt« mag ihm gar nicht einmal so schlecht angestanden haben.

. . . es kam
»ein hoher Festpokal,
ein Prachtstück,
darauf mein Name«. . .

Michael Ney, Herzog von Elchingen,
Fürst von der Moskwa, Maréchal
de France (1769– [hingerichtet?]
1815), Sohn des Küfers Peter Ney,
Großonkel der Bildhauerin.

Elisabeth Ney (1833–1907) schuf 1859 die berühmte Schopenhauer-Büste. In den
Wochen ihrer Arbeit an diesem Werk war sie viel mit dem altgewordenen Philoso-
phen zusammen. »Wir harmonirten wundervoll«, schrieb er an einen Freund. Sie
begleitete ihn auf seinen Spaziergängen, danach tranken sie, zusammen auf dem
noch erhaltenen einfachen Sofa sitzend, von Schopenhauer zubereiteten Kaffee.
Schopenhauer, ganz glücklich, »und ich komme mir vor wie verheiratet«.

Todes-Nachricht.

Am 21. l. M., Morgens 8 Uhr, verschied dahier in Folge einer Lungenlähmung im Alter von 72 Jahren und 7 Monaten

Dr. Arthur Schopenhauer.

Die Beerdigung wird Mittwoch den 26. l. M., Nachmittags 3 Uhr, vom Leichenhause des Friedhofs aus stattfinden.

Frankfurt a. M., den 22. September 1860.

Der Testamentsvollstrecker: **Dr. Wilhelm Gwinner.**